EL ARTE DE HABLAR
EN PÚBLICO

Barbara Berckhan, Carola Krause
y Ulrike Röder

EL ARTE DE HABLAR
EN PÚBLICO

Cómo ganar respeto con serenidad

Título original en alemán : *Die erfolgreichere Art (auch Männer) zu überzeugen*
Autor: Barbara Berckhan, Carola Krause, Ulrike Röder
Traducción: Eva Nieto
Compaginación: David Anglès

© Kösel-Verlag GmbH & Co, München, 1999
© de la traducción, Eva Nieto, 2005
© de esta edición: 2008, RBA Libros, S.A.
Pérez Galdós, 36 - 08012 Barcelona
rba-libros@rba.es / www.rbalibros.com

Primera edición de bolsillo: enero 2008

Ref.: OBOLI56
ISBN: 978-84-9867-038-7
Depósito legal: B-54561-2007
Composición: David Anglès
Impreso por Novoprint (Barcelona)

ÍNDICE

INTRODUCCIÓN

Justo detrás de tu angustia se queda enclaustrada tu capacidad de persuasión. Mientras el miedo y los nervios te tengan atenazada, no serás capaz de desarrollar tu personalidad. Basta con que disminuya la angustia para que salga de nuevo a la luz tu capacidad de persuasión. No necesitas dejarte coartar durante mucho tiempo por la angustia o el miedo a hablar. Este libro te enseña una serie de métodos, bien fundamentados y contrastados, con los que podrás disminuir tus miedos. Te mostramos las técnicas con las que podrás llegar a conocer las causas de esa angustia y proceder a modificarla. Aprenderás que tu angustia por hablar o tu miedo escénico se pueden identificar con toda precisión y, de esa forma, descubrirás cómo toman fuerza y cómo los puedes mitigar. La angustia se puede reducir de forma progresiva. Y de la misma forma, paso a paso, podrás estructurar tus capacidades retóricas. En este libro ponemos en tus manos numerosos consejos y métodos con los que podrás desplegar tu propio estilo oratorio.

Por esta razón, este libro está organizado de forma muy cuidadosa: lo que importa en primer lugar es tratar de comprender tu angustia y tus inhibiciones, y aprender a conocerlas en profundidad. Al final llegarás a saber de una forma concreta cómo superar tu miedo a hablar. Cuando ya te encuentres más libre y desenvuelta para hablar ante otras personas, entonces lo más importante será tu estilo oratorio. Cuanto más tiempo hayas padecido angustia e inhibiciones, mayor será el número de ocasiones en que habrás soslayado los intentos de hablar en público. Y es posible que, a lo largo del tiempo, hayas tenido pocas oportunidades de practicar. Además, también necesitas de una potencia retórica que permita que lo que digas llegue de una forma correcta a los demás. Estas capacidades retóricas las puedes adquirir con facilidad gracias a nuestros consejos y técnicas. Y, para terminar, el libro que ahora tienes en tus manos te presenta la forma en que puedes desarrollar argumentos convincentes. Pero, en principio, lo que se busca es la evasión de la jaula de la angustia. Si has dejado atrás esta prisión, te resultará fácil obtener de los demás lo que desees.

MIEDO ANTE EL DISCURSO:
UN MIEDO CON MUCHAS CARAS

El miedo ante el discurso es el miedo a hablar en público, es decir, a pedir la palabra delante de los demás, a formular una pregunta o a mantener una charla. Hay numerosas ocasiones en las que se habla en público:

- En círculos privados, fiestas familiares o en conversaciones entre amigas.
- En reuniones, encuentros de asociaciones, en campañas ciudadanas o en reuniones de padres.
- En situaciones profesionales, como son conferencias o reuniones con colegas de trabajo.
- En el colegio o la universidad.
- En actuaciones públicas en televisión, en salas de conferencias o sobre un escenario.

El miedo ante el discurso también se puede denominar angustia por hablar, miedo ante el público, inhibición del habla o miedo escénico, y es uno de los miedos más extendidos. Muchas personas conocen la sensación de estar nerviosos cuando deben hablar en público. En Estados Unidos, el 40,6% de las personas encuestadas en un estudio representativo contestaron que temían hablar ante un grupo. A partir de nuestros seminarios, sabemos que el miedo a hablar en público presenta diversas manifestaciones, que pueden ir desde un ligero nerviosismo y pasar por una fuerte excitación, hasta llegar incluso a un verdadero pánico. Es muy distinto en función de las personas, y también depende de las situaciones en las que se deba hablar. Para la mayoría de los casos sirve decir que cuanto más importante sea el motivo del discurso, cuanto más pueda influir su contenido en nuestra evaluación (por ejemplo, lo que ocurre en los exámenes), mayor será el miedo. Otro aspecto que puede afectar a la angustia es la cantidad de público al que debamos dirigirnos: a muchos les produce menos miedo hablar ante un grupo reducido de personas que en una sala con miles de oyentes. De todos modos, también juega un papel muy importante nuestra relación con el público: cuanto más familiares, informales y de confianza sean las personas, es normal que la situación nos resulte menos inquietante. Por el contrario, a la mayoría de las personas les supone mayor complicación hablar ante extraños, superiores, autoridades o, en general, personas de las que deba recibir una valoración. Se ha descrito de modos muy diversos la dimensión del miedo, que depende de forma muy precisa del contenido del discurso. Algunos cuentan que les resulta mucho más fácil hablar de temas personales, pero que se ven en apuros si se trata de asuntos profesionales; por decirlo de alguna manera: cuando se debe «tener pies y cabeza». En cambio, otros pisan sobre seguro en estos discursos profesionales («en este caso conozco el tema sobre el que estoy hablando»), pero sienten un gran pavor por informar sobre algo personal o emocional.

Existe un denominador común que se repite en todas las situaciones del discurso: miedo a hablar en público es una forma de miedo social, es decir, miedo a las demás personas.

Bajo el significado de «miedo a hablar en público», si se

hace un análisis detallado, existe una gran cantid
sibles angustias, y todas ellas pueden describirse
dos sociales:

- Miedo ante el rechazo.
- Miedo ante la crítica.
- Miedo ante el fracaso.
- Miedo ante el éxito.
- Miedo ante la soledad.
- Miedo a la proximidad.
- Miedo a constituir el centro de la atención.
- Miedo a cometer errores.
- Miedo ante la autoridad, etc.

Todos estos miedos se reúnen y forman sólo uno: el miedo a ser valorado por los demás. Por ello, entre las «situaciones de horror» que se pueden producir, la mayoría de las personas angustiadas por hablar en público temen «perder los papeles» ante ese público, poder ser abucheados o hacerse objeto de burlas o críticas. La mayoría de las personas que dicen de sí mismas sentir miedo a hablar en público conocen la sensación de estar, de una forma constante, valorándose a sí mismos y buscar después la valoración de los demás. En lenguaje profesional, esto se designa como una «elevada atención propia frente al público», es decir, una persona que está en contacto con más gente valora de forma muy especial lo que esas otras personas puedan pensar de ella. Esto conduce a que alguien con una alta cantidad de atención proceda a observarse a sí mismo. Por ejemplo, se pregunta: «¿Tengo buen aspecto?» o «¿Piensan que es estúpido lo que estoy diciendo?» o «¿Por qué sonríe ese de ahí detrás, qué opina de mí?». Estas personas se sienten criticadas siempre y han desarrollado en su entorno unas «antenas» muy sensibles para insertar la eacción de los demás en una estructura interna: «¿Me aceptan o no me aceptan?» o «¿Estoy bien ahora?» o «¿He fallado en algo?», etc. Es evidente que esta «elevada autoatención frente al público» ejerce una influencia negativa en la evolución del discurso.

Utiliza tus «antenas» para ti misma.

El hecho de hablar es, en sí, un proceso muy complicado: pensamos, buscamos las palabras adecuadas para expresar un pensamiento, hablamos y, al mismo tiempo, pensamos en lo que acabamos de decir, en encontrar una conexión lógica y, a la vez, en coger aire, añadir una ocurrencia espontánea, referirse a las preguntas del público, etc. Si, además de todo lo anterior, estamos atentos a observarnos a nosotros mismos desde fuera, a escuchar nuestras propias frases o a valorarnos según los ojos del público, puede ocurrir que, de cierta manera, nos quedemos desconcertados, que perdamos el hilo o que comencemos a tartamudear. Así el miedo provoca que nos comportemos de una forma equivocada a la hora de hablar, y eso es con exactitud lo que tememos.

¿Cuál es la verdadera amenaza para muchas personas que se encuentran en la situación de pronunciar un discurso en público? Por un lado, son las consecuencias negativas que pueden acarrear el fracaso de su aportación, como por ejemplo un examen echado a perder o una entrevista de trabajo que haya salido mal. Pero, en la mayoría de las ocasiones, al hablar en público no ocurre que la disertación pueda modificar nuestra vida o la ponga en peligro. A pesar de ello, muchas personas sienten miedo. El amedrentamiento es la posibilidad de que salgan a la luz pública debilidades o insuficiencias o que los demás nos puedan rechazar por lo que somos. Lo que nos amenaza es la propia autovaloración, que puede llegar a hacer vacilar la valoración de los demás.

¿Pero son sólo las mujeres las que padecen este miedo a hablar en público? No. Este miedo no depende del sexo, pues los hombres también lo sienten. Hemos escrito este libro dirigiéndonos a las mujeres por un motivo:

El miedo a hablar en público de las mujeres es «pertinaz», parece «normal» entre ellas, pues se ajusta a lo que podríamos llamar el rol tradicional femenino. «El público» es un ámbito masculino por tradición, ya que las mujeres están encasilladas en la privacidad, la casa y la familia; las mujeres escuchan y entienden, pero son los hombres los que pronuncian los discursos. Esta imagen clásica lleva consigo un agravamiento de la situación para la mujer que quiera hablar en público. Por regla general, se creen menos capaces de hacerlo y, también por regla general, reciben menor atención, son interrumpidas en más ocasiones y se retraen con mayor rapidez.

> **El miedo a hablar en público se ajusta al rol tradicional de la mujer.**

Por lo común, las mujeres son más responsables de sus miedos, ya que esta angustia se corresponde con las expectativas sociales de la mujer. Es cierto que existe gran cantidad de hombres que, de hecho, muestran comportamientos de angustia a la hora de hablar en público, pero ni ante sí mismos ni ante los demás pueden admitir que lo experimentan. En un capítulo posterior describiremos con todo detalle lo bien que parece ajustarse el miedo a hablar con el hecho de ser mujer. También nos ocuparemos de las «circunstancias agravantes» con las que las mujeres, en contraposición a los hombres, nos enfrentamos cuando estamos en situación de hablar en público. Por lo tanto, con este libro expresamos nuestro deseo de que las mujeres puedan comprender y superar sus angustias.

¿Cómo se hace patente el miedo a hablar en público?

El miedo a hablar en público puede sentirse o manifestarse de muy diversos modos. De la experiencia adquirida en nuestros seminarios sabemos las diversas formas con las que las mujeres experimentan su angustia. Algunas de ellas están nerviosas días antes de pronunciar su discurso y pasan noches sin dormir; otras se encuentran tranquilas y relajadas durante la disertación pero, *a posteriori*, tienen la sensación de haber tomado un narcótico y no recuerdan nada, otras muchas son experimentadas oradoras que tras una conferencia tiemblan como una hoja a merced del viento y se ponen a sí mismas de vuelta y media. Algunas están tan alteradas que ya no tienen nada que decirse.

El miedo a hablar en público ejerce sus efectos tanto sobre el organismo como sobre los pensamientos y el comportamiento. A continuación queremos describirte con más precisión cada uno de estos planos. Es probable que puedas reconocer en alguno de ellos tu forma de experimentar la angustia.

Los efectos sobre el organismo

El miedo se asocia la mayoría de las veces con una nítida reacción corporal: si una persona considera que se encuentra en una situación peligrosa o amenazadora, tal información se transfiere, a través del diencéfalo y el nervio simpático, a las glándulas suprarrenales que, a la velocidad del rayo, distribuyen las dos hormonas del estrés, la adrenalina y la noradrenalina. Estas hormonas llegan a todo el organismo a través del torrente circulatorio y sirven para que el cuerpo adopte una «reacción de supervivencia»: en situaciones de amenaza para la vida son las posibilidades primitivas de atacar o de huir. El cuerpo está sometido a un esfuerzo elevado y el raciocinio se bloquea de forma transitoria, pues un tiempo largo de reflexión supondría un impedimento ante la situación de peligro. En cambio, se eleva la actividad cardiaca y el metabolismo, y todo el cuerpo queda dispuesto para hacer frente al peligro. Estas alteraciones orgánicas provocadas por las hormonas pueden servir de impedimento cuando se está en situación de hablar en público: el corazón palpita con mayor rapidez, los dedos se humedecen por el sudor, las rodillas comienzan a temblar, la cara se pone pálida o roja, o se crea el bloqueo del raciocinio del que se ha hablado arriba, hay un vacío en la mente, el denominado *blackout*.[1]

Los efectos sobre los pensamientos

El miedo bloquea el pensamiento creativo; el *blackout* es el ejemplo extremo. Pero incluso en los preparativos del discurso puede ocurrir que ya no se nos ocurra nada más, que nos resulte complicado concentrarnos y hasta retener las ideas. Es frecuente que los pensamientos caigan en un círculo vicioso y, en muchos casos, esto se refiere más a las situaciones que se teme que puedan presentarse que al contenido en

1. Textualmente: «apagón», «oscurecimiento». Coloquialmente: «quedarse en blanco». *(N. de la T.)*

sí de la disertación. Por ejemplo: «Espero que no vaya mal...» o «Sería terrible si...» o «Por el amor de Dios, no debo...». Pero son estos pensamientos los que refuerzan la sensación de angustia, y de ellos, más adelante, nos ocuparemos con mayor detalle.

Los efectos sobre el comportamiento

El miedo también puede hacerse patente a través del comportamiento. A menudo tiene un efecto de inquietud, nerviosismo y tensión; se hacen gestos poco apropiados o exagerados, la persona está rígida, como «congelada»; hace ruidos sobre la mesa con los dedos o agarra con fuerza los papeles; está intranquila o mueve los pies; la velocidad del habla es de una rapidez anormalmente rápida o prolija en exceso, faltan las pausas para la respiración o el fraseo; las oraciones se vuelven confusas o se pierde el hilo (seguro que tú podrás completar esta lista con tus experiencias personales).

De esta enumeración se desprende la intensidad con la que los síntomas de la angustia de hablar en público pueden perjudicar el discurso y lo fácil que resulta sufrir del «miedo ante el miedo».

A menudo existe un «miedo ante el miedo».

En ese caso los síntomas de miedo son los que por sí mismos generan el miedo («¡Basta de tener miedo o, de lo contrario, me despistaré!»), y muchos, para no sentir esta angustia, prefieren evitar las ocasiones de hablar en público, escabullirse de ellas. Pero esta conducta de evitar la situación lleva a consolidar el miedo, y esa no es la solución (más al respecto en el capítulo 3). De forma simultánea, a raíz de esos intentos de omisión se reduce nuestro propio margen vital y con ello nos limitaremos las posibilidades de desarrollo y de práctica.

COMPRENDER EL MIEDO ANTE EL DISCURSO: CAUSAS Y CONSECUENCIAS

Una vez que hayamos descubierto lo que es el miedo ante el discurso y los signos con los que se presenta, trataremos de las causas de esa angustia. El miedo a hablar ante un público, así como otros tipos de miedo, se genera en primer lugar en nuestra cabeza, a través de nuestros pensamientos. Dicho con más exactitud: el miedo se crea mediante nuestro propio pensamiento, a través del cual nos ordenamos algo a nosotras mismas. En nuestro interior nos ordenamos que debemos ser de un determinado modo o que algo no debe ocurrir. Estos pensamientos con los que, de forma interna, nos ordenamos algo suelen rezar así: «¡Oh, Dios mío! ¡Ahora no debo ponerme colorada!», o bien «¡He de tener cuidado de no perder el hilo durante el discurso!».

> **El miedo casi siempre se crea en nuestros pensamientos, a través de los cuales nos ordenamos algo a nosotras mismas.**

Estas órdenes dirigidas a una misma se denominan también imperativos. Son pensamientos que nos emiten mandatos y son la causa central del miedo a hablar en público. Pero estos mandatos internos también pueden provocar fuertes sensaciones como, por ejemplo, la ira, la desesperación o los estados de ánimo depresivos. Aquí nos limitaremos a la relación existente entre estos mandatos y el miedo a hablar en público. Para la palabra *imperativo* también utilizamos términos como «mandatos internos» o bien «órdenes a nosotras mismas». En este libro te vamos a mostrar cómo puedes reconocer estos mandatos e invalidarlos. Para ello es importante en primer lugar aclarar el trasfondo, de tal modo que quede más claro por qué nos ordenamos algo y cómo, a través de esas «autoórdenes», generamos el miedo a hablar en público y el pánico escénico.

Órdenes internas

Cuando estás ante una situación inminente de hablar en público y tienes pensamientos como «¡No debo ponerme en ridículo!», «¡Debo mostrarme convincente!» o «¡Sólo debo hablar si estoy informada del tema al cien por cien», eso quiere decir que te envías órdenes a ti misma. Todas estas frases, y da igual que sólo las pienses en tu interior o que las expreses en voz alta, caracterizan en sí mismas estas órdenes. Conocerás estos mandatos a tu propia persona de forma más clara si te fijas en las palabras que denotan obligatoriedad, como por ejemplo:

- ¡Yo debo...!
- ¡Yo tengo que...!
- ¡No puedo...!
- ¡Los demás deben..., y yo no debo...!

(En el tercer capítulo, «Consejo para una mayor serenidad: enfrentarse al miedo», te presentamos otras características lingüísticas para el reconocimiento de los mandatos internos.)

Incluso cuando estas órdenes se refieran a cómo se deben comportar los demás o lo que ellos no deben hacer, se trata en realidad de una orden que nos hacemos a nosotras mismas. Al ordenarme: «¡El público debe encontrarme simpática!» o bien: «¡Los oyentes no deben rechazarme!», no pretendo intentar en serio dar órdenes al público para que me encuentre simpática. Es más, con esta orden acepto la posibilidad de que el público me rechace, me elimine de mi realidad personal. ¡No puede ser que ocurra que el público me rechace! En caso de que eso ocurriera, sería terrible para mí y por ello no debe pasar de ninguna de las maneras.

CÓMO APARTAMOS LO QUE NO DEBE OCURRIR

Una orden dada a una misma representa el intento de apartar e ignorar lo que sería tremendo o grave para la persona afectada. Supongamos que yo me ordeno lo siguiente: «¡Si pronuncio una charla, no debo perder el hilo y salirme del tema!». Sería una cosa envidiable que a mí me resultara imposible, mientras hablo, perder el hilo o salirme del tema. No podría contravenir esa orden y, en el fondo, tampoco la necesitaría. De hecho, me doy órdenes a mí misma porque existe la posibilidad de que ocurra otra cosa: puede pasar que pierda el hilo. Esta posibilidad siempre está presente en mi conocimiento y tengo una sensación desagradable cuando pienso en ella.

> **Para apartar las sensaciones desagradables nos damos instrucciones a nosotras mismas.**

Para no volver a experimentar estos sentimientos, intenta equilibrarlos con un imperativo: «¡No debo perder el hilo mientras estoy en el uso de la palabra!». Pero estos mandatos internos no cambian el hecho de que pueda ocurrir que el hilo se pierda. En el caso de una intervención verbal o de un discurso, puede ocurrir que nos salgamos del tema y que no sepamos seguir. Es una posibilidad que no se puede descartar al ciento por ciento. También me puede pasar que durante un discurso pierda el hilo, y eso por mucho que yo emita órdenes internas para que no me ocurra. La posibilidad de que pierda el hilo es un hecho que siempre está presente en mi conciencia. Y si pienso en ello —lo que, de hecho, me puede ocurrir mientras estoy en plena charla—, entonces vuelvo a considerar la posibilidad de quedarme en blanco. Esta orden lleva consigo muchas sensaciones desagradables que, una vez más, intento apartar por medio de la orden: «¡No debo perder el hilo durante la charla!». Sin embargo, existe la posibilidad de que lo pierda. Te darás cuenta enseguida: los pensamientos empiezan a girar en círculo.

Uno de estos círculos de pensamientos puede tener este aspecto:

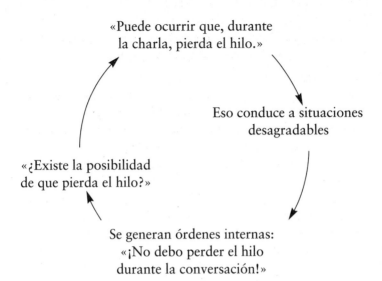

«Puede ocurrir que, durante la charla, pierda el hilo.»

Eso conduce a situaciones desagradables

«¿Existe la posibilidad de que pierda el hilo?»

Se generan órdenes internas: «¡No debo perder el hilo durante la conversación!»

Este hecho de ordenarse a una misma se puede referir a diversos ámbitos de nuestro ser:

- A reacciones propias del cuerpo («¡No debo ponerme colorada!»).
- Al propio comportamiento («¡Debo hablar libre y con fluidez!»).
- Al propio efecto frente a los demás («¡Tengo que aparentar seguridad!»).
- Al resultado («¡No debo equivocarme!»).
- A las reacciones de las demás personas («¡Los demás deben aceptarme!»).

De igual modo, nuestras órdenes internas se refieren a distintos momentos, es decir:

- Al futuro («¡Mañana debo causar una buena impresión!»).
- Al presente («¡Ahora no debo ponerme nerviosa!»).
- Al pasado («¡Ayer debí haber hablado de un modo más convincente!»).

Las órdenes a una misma también pueden ser sólo leves instrucciones internas con las que nos estimulemos y nos demos ánimos, como por ejemplo: «¡Esfuérzate!» o bien «¡No tartamudees!». Estas cortas órdenes de aliento las emitimos para nuestro interior a fin de darnos ánimo. Por ejemplo, por las mañanas cuando nos damos la orden: «¡Venga, vamos, fuera de la cama!»; y a continuación el estímulo: «¡Date más prisa!».

> **A través de estas órdenes internas se crea presión y estrés.**

Esta forma de obligarnos a algo, o de prohibirnos una cosa, se realiza en principio sin mala intención y de un modo que puede resultar muy natural. Pero con cada una de estas órdenes nos sometemos nosotras mismas a una tensión y añadimos estrés a nuestras acciones.

LOS EFECTOS DE NUESTRAS ÓRDENES INTERNAS

Cuando en nuestros seminarios nos referimos a estas órdenes internas, muchas mujeres descubren la frecuencia con la que, en su interior, emiten órdenes para ellas mismas. Muchas tienen incluso la sensación de que, en lo fundamental, aguantan a base de órdenes. A menudo también surge la pregunta de si no necesitaríamos emitirnos a nosotras mismas estas órdenes apremiantes para, de esa forma, controlar nuestro comportamiento y «hacer un esfuerzo por nosotras mismas».

En realidad, podemos darle un sentido a nuestro comportamiento sin tener que utilizar tales órdenes. Podemos pensar y poner en práctica nuestras intenciones en forma de objetivos, deseos, normas y valores. Yo puedo desear que mi charla vaya como la seda y me preparo de tal forma que, en la medida de lo posible, no me aleje del tema. Ésta podría ser una finalidad. Pero también puedo ordenarme mis propios objetivos e intenciones. De ese modo me colocaría una especie de «camisa de fuerza interna». Entonces rezaría: «¡El discurso va a ir como al seda! ¡No puedo salirme del tema!» En estas órdenes a ti misma se esconde la obligación interna de que debe ocurrir así y no de otra forma. Si no consigo el objetivo, entonces es posible que resulte odioso para mí misma. Detrás de una orden se esconde una masiva «sensación terrible», la idea de un cataclismo. Sería «malo», «espantoso» o «terrible» si algo no ocurriera como está previsto que ocurra.

Las órdenes son como una camisa de fuerza interna.

Eso, a lo que nosotras designamos como «sensación terrible», es un sentimiento muy incriminatorio que se compone de:

- Fantasías sobre calamidades («Si durante un discurso no sé cómo seguir, los otros se reirán de mí y me perderán el respeto»).
- Lesiones anímicas precoces (ser motivo de risa en el colegio ante toda la clase).
- Antiguas experiencias de impotencia y desamparo (no po-

der defenderse del desprestigio, quedar en ridículo y no haber nadie para salir en mi ayuda).

Todas estas experiencias ofensivas y fantasías sobresaltadas se concentran en nuestro interior en una especie de grumo de sensaciones que podemos percibir de forma difusa como algo «malo» o «espantoso». Es una sensación muy desagradable que se recrudece en el pensamiento, tal y como ocurre cuando nos colocamos ante el público y cometemos un error o nos ponemos en ridículo.

Esas difusas sensaciones malas escapan a nuestras consideraciones racionales. La mayoría de las personas que sufren de miedo a hablar en público, o miedo escénico, saben muy bien para sí mismas que un fallo en el discurso no constituye, ni mucho menos, un cataclismo. Pero este conocimiento interno de su cerebro no modifica el hecho de que, a pesar de todo, lo experimenten como «terrible». Y es la experiencia de este horror, junto a las fantasías catastróficas resultantes de ella, las antiguas heridas anímicas y cualquier otro tipo de experiencias dolorosas, lo que bloqueamos a base de «órdenes dirigidas a una misma». Nos colocamos ante una obligación o ante un «no poder» internos frente a la recrudecida sensación desagradable.

Permítenos en este momento hacer un resumen de los efectos que estas órdenes internas ejercen sobre nosotras:

• *Efectos orgánicos*
Por medio de estas órdenes nos ponemos bajo presión. Cuando nos damos una orden, nos metemos «vapor» interno. Con ello aumenta la tensión de determinados grupos musculares, el pulso se eleva, puede notarse una presión en el estómago y la cara empalidece o se pone colorada.

- *Efectos sobre los pensamientos*

Los procesos de pensamiento se ven dominados por las órdenes internas. La obligación actual o el «no poder» se convierten en el centro del pensamiento. Los pensamientos giran en círculo. La creatividad y la capacidad de resolver problemas se ven muy afectadas.

- *Efectos emocionales*

En el caso de imperativos a uno mismo, se crea primero la sensación de prioridad y coacción. Si el proceso imperativo continúa, estas sensaciones se hacen cada vez más fuertes. Se llega al nerviosismo, a la opresión y a la angustia.

- *Efectos sobre la capacidad de percepción*

La capacidad de percepción se limita. La realidad actual busca por todas partes lo que a toda costa debe pasar o no pasar. Se crea una especie de visión en un túnel, en la que las instrucciones internas hacen el efecto de un filtro de salvaguardia, un filtro que sólo deja pasar lo que tiene que ver con la orden.

- *Efectos sobre el comportamiento*

La actividad se hace más nerviosa, inquieta y apresurada. La postura corporal puede resultar más rígida y tensa, o también el espacio puede ser más agobiante. La voz suena como oprimida. A menudo también se escucha monótona o precipitada. Se acelera el tempo (o velocidad del discurso) o se hace mucho más lento de lo normal.

Hasta ahora, para simplificar el conjunto, hemos partido en nuestros ejemplos de órdenes internas independientes que generan el miedo a hablar en público. Pero también hemos comprobado en nuestros seminarios y consultas que quien padece del miedo a hablar casi siempre activa una cadena de órdenes internas. Las órdenes se suceden, unas a otras, a modo de capas. Algunas de estas órdenes se encuentran casi en la «superficie», pero otras son más profundas. Así, por ejemplo, la orden «¡Mi voz no debe temblar!» se hace patente de inmediato cuando se trata de un discurso frente a un público. Pero, si seguimos con la indagación, pueden emerger otras órdenes por sí mismas, como por ejemplo: «¡Debo parecer segura!»; o bien: «¡No debo fracasar!».

> **Las órdenes internas forman una red en la que nos podemos ver atrapadas.**

Lo típico es que estas capas de órdenes comiencen con los signos relacionados con la angustia, por ejemplo: «¡No me deben temblar las manos!». Encontramos un plano más profundo de órdenes cuando formulamos la pregunta: «¿Qué sería lo peor que podría ocurrir si me temblaran las manos?». Las respuestas se refieren, la mayoría de las veces, al comportamiento y éstas pueden ser: «Si me tiemblan las manos...

... ya no podré seguir mi charla con tranquilidad

... comenzaré a atascarme

... perderé el hilo, etc.

... *y eso sería lo peor*».

Aquí seguimos con la pregunta: «¿Qué sería lo peor que pudiera pasar si, por ejemplo, perdiera el hilo?», con lo que se manifiesta el otro plano de órdenes situado más profundamente: «Si pierdo el hilo,

... daré la impresión de ser incompetente

... me desconcentraré

... no podré seguir con mi disertación

... *y eso sería lo peor*».

Con la pregunta de lo que sería peor, aquí también ponemos de manifiesto la orden situada debajo y, con ello, todo un sistema de prohibiciones y ruegos que están relacionados unos con otros hasta llegar a sensaciones de soledad e imágenes fatales.

> Debo decir algo, pero no se me debe hacer un nudo en la garganta, ya que de lo contrario no podré hablar con fluidez y daré la impresión de ser una incompetente y pudiera ser que los demás no me consideraran importante y entonces daría igual lo que fuera a decir y por lo tanto ni siquiera me haría falta estar aquí. (Cita de una conversación en la consulta).

En la siguiente tabla queremos aclarar esta estratificación de las capas de órdenes, las superiores y las inferiores. Comienza arriba del todo, en el primer escalón de la jerarquía, con los imperativos que controlan las reacciones corporales; y finaliza con el plano más profundo, en las órdenes existenciales.

Una orden persigue a las otras. Las capas de las órdenes:

	Yo debo...	Yo no puedo...
Plano de las reacciones corporales	Controlar mi cuerpo, dominar mi angustia	Ponerme colorada, temblar, tener las manos húmedas, tener un nudo en la garganta, que se me acelere el corazón
Plano del comporta- miento	Decir algo, hablar con fluidez, hacer avanzar la conversación, hablar con superioridad, decir algo interesante, hablar con claridad, hablar alto	Tartamudear, cometer errores, perder el hilo, hacer demasiadas pausas, hablar muy rápido / despacio, echarme a reír o llorar de repente, alucinar, hablar de un modo aburrido, estar nerviosa
Plano de la autoimagen	Causar una buena impresión, ser divertida, ser objetiva, estar concentrada, ser competente, ser superior a los demás, ser algo especial, ser importante	Abarcar demasiado espacio, ser insegura, ser pueril, ser tonta, ser superficial, estar nerviosa, mostrar demasiado de mí misma, ser subjetiva, ser débil, ser arrogante, elogiarme a mí misma, ser demasiado emocional
Plano del contacto social	Ser vista, ajustarme a las expectativas de los demás, impresionar a los demás, ser reflexiva, ser superior, ser estimada, agradar, ser reconocida, ser amada	Ser criticada, decepcionar, estar en el punto central, ser motivo de risa, ser pasada por alto, ser infravalorada, ser marginada
Plano existencial	De lo contrario estaré sola, no estaré valorada, seré recha- zada... y la vida y la existencia perderán para mí el sentido ⇨ Fantasías + miedo ante la muerte y: ¡eso no puede ser!	

Como puedes ver, las órdenes internas pueden enlazarse unas con otras, de modo que una orden atrae hacia sí a la siguiente. Si se activa una, entonces se rozan también las órdenes que están situadas más profundamente y se hace que emerjan. Así, con la orden «¡No debo ponerme colorada!», se activan también órdenes que se refieren al hecho de ser rechazada o al fracaso total.

NUDOS AL HABLAR

En el miedo al discurso en las mujeres, a menudo se enfrentan dos órdenes contradictorias, como por ejemplo: «¡Ahora debo tener en cuenta que he conseguido hablar, pero no me puedo equivocar!». Ambas órdenes se mueven en el mismo plano, pero están en contraposición una con la otra. La mayoría de las veces, las mujeres experimentan este anudamiento de órdenes como un conflicto entre «una parte y otra parte».

> —Por una parte, me gustaría que lo que yo hago también sea bien recibido por los demás o, por lo menos, que despierte atención o interés. Por otra parte, no debo provocar la sensación de que «soy la mejor» o que «yo puedo hacer esto muy bien».

Esta cita de una clienta de la consulta expresa lo que muchas mujeres suelen experimentar cuando se ponen a hablar en público: dos órdenes internas que, como una encerrona interior, resultan enfrentadas. La necesidad de realizarse y ser tomada en serio se convierte a menudo en adversario del miedo; puede jugar muy en un primer plano y, por ello, contribuir a ser despreciada como mujer. Por eso, estos «complicados nudos al hablar» tienen, la mayoría de las veces, una parte que quiere resplandecer y otra parte que no quiere llamar la atención, como ocurre en los siguientes ejemplos:

¡Debo triunfar!	⇔	¡No puedo causar ningún escándalo!
¡Debo llamar la atención!	⇔	¡No puedo estar en el punto de mira!
¡Debo ser perfecta!	⇔	¡No puedo exhibir mi perfección!
¡Debo llamar la atención!	⇔	¡Debo amoldarme e integrarme!
¡Debo mostrar de lo que soy capaz!	⇔	¡Debo seguir siendo modesta!

Cuando una mujer está atrapada en uno de estos nudos del discurso, no puede comportarse como ella quiere, y con toda probabilidad resultará afectada por alguna parte de sus órdenes. Si intenta salir de la situación de discurso con silencio y discreción, se topará con su orden «Debo-mostrar-de-lo-que-soy-capaz», con la que se sentirá motivada. Si, por el contrario, se muestra activa y toma la palabra, entonces tropezará con su orden de freno «No-debo-colocarme-en-primer-plano». La persona afectada experimenta, en la mayoría de los casos, cada una de estas formas de comportamiento como deficiente y errónea (da igual que se muestre activa o se reprima).

Necesitamos órdenes internas porque no queremos experimentar sensaciones e ideas dolorosas y «malas». Pero estas órdenes nos sitúan, como ya hemos visto, en miles de apuros. A través de ellas nos ponemos bajo presión y nos provocamos estrés y miedo. Podemos cesar de darnos órdenes internas, si estamos preparadas para experimentar lo que hemos rechazado hasta ahora: las malas sensaciones y las fantasías calamitosas que están contenidas en ellas. Esto se lee aquí con mucha mayor facilidad de lo que suele ocurrir en la realidad. En nuestra relación con nosotras mismas estamos acostumbradas a cargar con molestias y estorbos, echarlos a un lado, atajarlos y eliminarlos. Un enérgico «¡Esfuérzate!» nos parece a menudo muy plausible cuando se trata de superar situaciones complicadas. En la tolerancia y aceptación de nosotras mismas suele faltar este ejercicio. Querer librarse de las sensaciones desagradables no es más lógico que dejarlas persistir como expresión de nuestra personalidad única. En el caso de las sensaciones molestas, a eso se agrega también que muchas mujeres creen que esos sentimientos incómodos se van a quedar ahí para siempre. Pero nuestras sensaciones están en constante movimiento. Si no se bloquean, se convierten en procesos que se elevan, alcanzan su punto álgido, luego descienden y por fin desaparecen. Esto es válido tanto para los sentimientos agradables, como son las alegrías, como para los desagradables. Por regla general, nos resulta fácil aceptar y tolerar las sensaciones placenteras. Pero, la mayoría de las veces, tendemos a «deshacernos» de las incómodas, desplazándolas a base de emitir instrucciones internas contra ellas. Pero este es un camino seguro que no te va a servir para alejar estas sensaciones nocivas, sino más bien para mantenerlas y conservarlas.

Déjanos de nuevo aclararte por medio de un gráfico cómo bloquean las instrucciones la vivencia plena de las malas sensaciones.

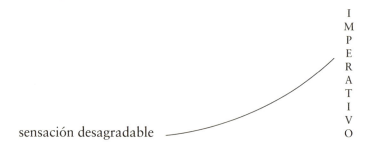

I
M
P
E
R
A
T
I
V
O

sensación desagradable

Si no se bloquea la sensación incómoda, no se utiliza ninguna orden, con lo que esta sensación asciende y se hace cada vez «peor».

Después de que la sensación nociva haya alcanzado su punto álgido, comienza a descender por sí misma. En primer lugar, a base de una aceptación total, sin instrucciones; las sensaciones desagradables pueden curarse.

Sin instrucciones internas, no nos quedamos atrapados durante mucho tiempo en pensamientos y en una visión limitada tipo túnel. Podemos vivir la realidad a nuestro alrededor tal y como es. Este tipo de apreciación se denomina *percepción de aceptación*. Esto suena, en un primer momento, más complicado de lo que es en realidad. Tú ya conoces esta forma de percepción de aceptación de tu vida diaria. Cuando experimentas algo bonito, entonces lo aceptas tal y como es, con todos los sentidos, sin desplazarlo ni alejarte de ello.

Si, por ejemplo, vives una puesta de sol en el mar, es probable que percibas este acontecimiento de un modo perfectamente contrastado. Ves cómo desciende el sol por el horizonte, con su color rojo, y cómo se refleja su luz sobre la superficie del agua. Sientes el aire fresco y escuchas el sonido de las olas. Percibes las ideas y las sensaciones que se crean dentro de ti. Soportas con total perfección todo lo que ocurre, tanto en el exterior como en tu interior, y constatas lo que es. Lo contrario sería que comenzaras a hacer imperativos, que te dieras instrucciones.

> **Aceptar lo que hay: percibe tus sensaciones
> y pensamientos tal y como son.**

Pero un discurso ante un público no es una puesta de sol. En un discurso se trata de nuestro propio trabajo, de nuestra persona y de la valoración que los demás van a hacer de nosotras mismas. La percepción de aceptación significa que tú, por encima de todo, aceptas tus sensaciones y pensamientos tal y como son, sin querer desplazarlos a base de cualquier tipo de orden. Cuando percibes con aceptación una situación de discurso, también te plantearás la posibilidad de que, en medio del discurso, puedas cometer un error que suponga no conseguir con plenitud los objetivos que tienes planteados. Con estas ideas también emergerán incluso sensaciones «malas». No darse órdenes significa limitarse a aceptar estas sensaciones o ideas, sin alejarte ni meterse dentro de ellas. Por medio de esta aceptación de lo que tiene lugar dentro de nosotras, se reduce el miedo y se crea un sosiego.

En el centro del miedo

Hasta ahora, hemos observado el miedo al discurso y la angustia escénica desde un trasfondo teórico. Pero ahora permítenos examinarlo desde el punto de vista de la persona afectada. ¿Cómo se presenta el miedo al discurso en el día a día? Y ¿qué es, expresado de forma exacta, lo que les da miedo a las mujeres?

En nuestras consultas y seminarios de entrenamiento, hemos descubierto que existen determinadas «imágenes amedrentadoras» a las que temen la mayoría de las mujeres que soportan el miedo al discurso y la angustia escénica. Son, en especial, el miedo a:

- Ser el centro de atención.
- Enrojecer.
- Decir algo tonto o equivocado y, por lo tanto, hacer un ridículo «total».
- Perder el hilo o sufrir un *blackout*.
- Ser motivo de risa para el público, ser rechazada o incluso «resultar despedazada».

Puede que te reconozcas a ti misma, y también al núcleo de tus miedos, en algunos de los siguientes ejemplos:

Ser el centro de atención de las demás personas no siempre puede resultar agradable. Sobre todo si se trata de una contribución (verbal), muchas mujeres se sienten examinadas y juzgadas por las miradas de los oyentes:

> Al principio estaba tranquila del todo, pero, cuando me coloqué detrás del micrófono, donde todos me podían ver, me entró el pánico. Estaba expuesta y desprotegida. Pensé que ahora los demás podrían observar mis puntos débiles, mi tipo, mi ropa, todo. De repente, todo resultaba muy embarazoso. Lo que más me hubiera gustado habría sido esconderme.

Así describía una administrativa de 36 años su estado emocional en un discurso ante un numeroso público. No mostrarse en primer plano, ser tímida: estas son las instrucciones que han interiorizado muchas mujeres desde que eran unas muchachas muy jóvenes. Por ello, no es extraño que algunas teman, si se sitúan en el centro de la atención, ser tomadas por unas fanfarronas. Tienen miedo a ser descubiertas como impostoras.

El miedo hace que el público se convierta en un despiadado censor.

Y ya que muchas mujeres suelen valorar su sensación de autoestima personal a partir de su aspecto exterior, es su propio aspecto, no perfecto, el que refuerza el miedo. La nariz torcida, el pelo mal colocado o muchas arrugas en la cara son vistos por la persona afectada como un defecto grave que, a la vez, oculta sus partes más bellas.

El público se convierte a sus ojos en un censor despiadado que le puede poner de vuelta y media al no dejar pasar ni una. De hecho, la oradora no sabe lo que de verdad ocurre dentro de las cabezas de sus oyentes, si algunos de ellos la condenan o si la mayoría son bienintencionados. Mejor dicho, ella supone que es su propia autocrítica y su autovaloración la que surge ante los ojos y los oídos de sus oyentes. Cree que los demás la juzgarán de forma tan severa a como lo haría ella misma: «¿El de allí atrás sonríe porque aquí yo presento un aspecto muy pueril? Además, la mujer de la primera fila es la tercera vez que bosteza...». Y, por supuesto, no es porque haya dormido poco o haya disminuido el oxígeno de la sala, piensa la oradora, sino porque su presentación es como para dormirse.

El miedo de estar en el centro de la atención conduce, la mayoría de las veces, a que la afectada intente aprovechar poco la situación privilegiada en que se encuentra y pretenda salir de ella de la forma más rápida posible. En otras palabras: intenta acabar lo antes que pueda su disertación a base de hacer suyo el lema: «Valor y al toro».

Lo que no ayuda es decir: «Valor y al toro».

Pero en la práctica este «Valor y al toro» presenta, por regla general, otro aspecto: la oradora tiene miedo de constituirse en el centro de atención e intenta hacerse notar lo menos posible ante la audiencia y, sobre todo, no llamar su atención. Al comienzo del discurso no mira al público, sino a sus papeles, al atril o al techo. Mientras dispara su texto con rapidez y sin hacer pausas, evita cualquier tipo de contacto visual con el público. Sin embargo, si mira una vez al público, dirigiéndole la vista en redondo, se apercibe de que todos los ojos están fijos en ella; que ella es, en realidad, el foco de la atención. En el momento en el que se hace consciente de eso, se eleva su nivel de miedo. Comete algún que otro *lapsus línguae*, se interrumpe, rompe el hilo conductor de la disertación y sufre otros atascos en el flujo del discurso. Para no permanecer mucho tiempo en el papel de centro de atención, suele ocurrir que, en la mayoría de ocasiones, la oradora lleva su discurso a un precipitado final. Muchas veces no se toma el tiempo necesario para reflexionar si realmente ha dicho lo que quería decir. No hace un final reposado y que impresione. El discurso se acaba de una forma más o menos brusca y, en ocasiones, el súbito final viene señalado por un escueto «Y esto es todo». Casi no se han extinguido sus últimas palabras cuando ya ha abandonado, casi al galope, su puesto de oradora y, en la mayoría de los casos con un potente suspiro de alivio, se ha sentado en su silla, donde ya no es objeto de la atención del público.

«Estar en el centro de la atención» es algo que se puede practicar.

El primer paso para desmontar esta angustia a ser el centro consiste en no evitar durante mucho tiempo el núcleo de ese miedo, sino en enfrentarse a él cara a cara. Para ello, en nuestros seminarios realizamos ejercicios con los que las participantes pueden experimentar de forma muy consciente que son «el centro de la atención».

En ellos, la persona que realiza el ejercicio se sienta (o está de pie) delante del grupo. Las demás participantes se sientan en semicírculo delante de esa persona y se dedican a mirarla. Se trata de que la mujer que está delante del grupo permanezca en silencio mientras sea el centro de atención de las demás. Con ello terminan las ganas de salir a la carrera, de evitar el contacto o de una rápida huida. Ahora, la participante está sentada o de pie allí de donde querría «haber huido»: en el centro de la atención del público. Tiene tiempo para percibir los pensamientos, ideas y sensaciones que están conectados a sus miedos. Puede captar lo que pasa, tanto a su alrededor como dentro de ella: puede fijarse en la forma exacta en que el público está sentado; escucha los sonidos que hay en la sala y los pensamientos y sensaciones que se crean dentro de ella. No necesita hacer nada, basta con estar allí. Puede sentir cómo su sensación de desagrado se diluye a medida que ella sigue allí. Observa sus olas de sensaciones internas, cómo se elevan y, poco a poco, van en disminución hasta que se siente libre para empezar con su charla. En el tercer capítulo encontrarás este ejercicio en una forma modificada bajo el título: «Sentarse a la vista de todos».

«¡SOCORRO, ME ESTOY PONIENDO COLORADA!»

Muchas mujeres temen ponerse coloradas cuando son el centro de atención. Desearían estar relajadas y mostrar superioridad, de modo que nadie pudiera notar su nerviosismo. Pero su cara rubicunda las delata.

A la hora de ponerse colorada, existen a veces marcadas diferencias entre lo que la persona percibe en su interior y lo que, desde la parte de fuera, los demás pueden observar. Hay mujeres que se ponen coloradas y este rubor de la cara va en aumento y se hace muy llamativo. Otras, por el contrario, notan una especie de erupción de calor en la cara, pero que no se puede percibir desde fuera.

También el grado de enrojecimiento se puede, en ocasiones, sobrevalorar. Muchas creen, de modo equivocado, que su cara colorada es como una especie de anuncio luminoso que puede alumbrar toda la habitación. Pero, en realidad, ese rubor suele ser mínimo y el público no lo aprecia, pues está más ocupado en conocer el contendido de la charla que en las modificaciones de color del cutis de la presentadora.

Ponerse colorada es una reacción corporal involuntaria y difícil de controlar. Cuando la cara enrojece, se amplían los pequeños vasos sanguíneos de la piel y aumenta el riego en la zona de la cabeza. Este fenómeno también se puede provocar por una fuerte tensión o por estrés. Cuando se corrige el riego de la cara, el cerebro se irrigará con más fuerza.

> «No te pongas colorada»: y en ese momento
> crece el rubor de tu cara.

Con ello, el cuerpo se ocupa de una mejora de «abastecimiento del combustible» en la zona del cerebro y se asegura su capacidad de rendimiento en situaciones especiales. Cuando resulta más necesario que nuestro cerebro funcione bien, no es sensato querer reducir el abastecimiento de sangre en la zona de la cabeza.

Si ponerte colorada te supone un problema, puede servirte de ayuda saber que el rubor no puede superarse a base de un sencillo truco o alguna otra cosa parecida. Cuando te ordenas a ti misma «¡No te pongas colorada!», ya estás dando el primer impulso para ruborizarte, ya que en nuestro cerebro la palabra «no», en la que has fijado tu atención, no funciona igual que las palabras «ponerse colorada». El cerebro primero procesa «ponerse colorada» y luego «no». Esto significa que con la orden «¡No ponerse colorada!», primero ejerces el impulso de ruborizarte y, luego, este impulso se ve inhibido a causa de la palabra «no». Lo mismo ocurre, por ejemplo, cuando, de forma rotunda, tratas de «no pensar en elefantes rosas». Si lo haces, es muy probable que lo primero que hagas sea pensar en elefantes de color rosa y, luego, apartarás a esos elefantes de tu mente, los borrarás y cambiarás su color. Primero habrás pensado en un elefante rosa para, a continuación, librarte de él.

Es frecuente que el rubor se elimine por sí solo cuando dejes de luchar contra él, siempre que consigas tolerarte a ti misma como a una persona que ahora se ha puesto colorada. Eres una persona que habla y se ha ruborizado. Eso es lo que eres y es una característica que te es propia.

> **El rubor va en disminución cuando dejas**
> **de luchar contra él.**

Cuando permitas que el ponerte colorada forme parte de tu modo de ser, podrás quedarte más tranquila, dejarás de avergonzarte por ello y ya no necesitarás esconderte. Te pones colorada y puedes hablar delante de otras personas. Sólo un nuevo consejo marginal: una participante, que durante mucho tiempo sufría con su «enrojecimiento crónico», inventó una respuesta brillante ante el comentario de un colega: «Pero, señora Pérez, ¡no tiene por qué ponerse roja!»; ella contestaba: «Lamento, señor González, que no le guste mi color, pero es que no puedo poner otro», y ganó la partida 1 a 0, en lugar de, como hubiera ocurrido antes, haberse querido meter debajo de la mesa.

Es posible que el hecho de ponerte colorada sea uno de los motivos que tienes para sentir miedo a hablar en público. En estos casos, te puede servir de ayuda el ejercicio de *focusing* que encontrarás en el capítulo 3.

«No digas tonterías. ¡Es absurdo lo que me cuentas!». Ya desde niños hemos aprendido que quien dice algo absurdo o tonto es motivo de risa o incluso de sanción. «¡Algo así no te conviene! ¡Es mejor quedarse callado y morderse la lengua que caer en el riesgo de poder decir algo equivocado!». Muchas mujeres se quedan al margen en conversaciones y discusiones, calladas, amordazadas por estas opresoras camisas de fuerza internas. No se atreven a decir con libertad lo que se les pasa por la cabeza. Resulta demasiado grande su miedo a que alguien les pueda decir que sus palabras son equivocadas o estúpidas. Si te armas de valor y comienzas a hablar, la primera frase suele empezar en la mayoría de los casos con tu propia infravaloración, una disminución del tipo: «No sé, lo mismo es una tontería lo que yo pienso ahora...»; o bien: «Acabo de tener una idea estúpida...». Muchas deciden por sí mismas que sólo deben hablar ante un grupo de personas cuando sus propias ideas sean correctas, lógicas y, por ello, irrebatibles. Esto, por contrapartida, significa que te restringes a ti misma y te limitas a reflexionar en alto una sola vez en una ronda de discusiones; o sólo aportas una reflexión provisional porque te prohíbes hablar de un modo espontáneo.

La orden interna «¡No debo decir algo tonto o equivocado!» va íntimamente ligada, la mayoría de las veces, a las órdenes «¡No debo cometer errores!» y «¡Debo aportar resultados siempre sobresalientes!». Muchas mujeres que viven y trabajan con estas ataduras internas se colocan a sí mismas (y, en ocasiones, también a los demás) bajo una gran presión por los resultados y la perfección. A menudo, viven el trabajo, las prestaciones y la capacidad como una lucha que deben entablar contra sí mismas y contra los demás. Cada situación en la que se trata, en cualquiera de sus formas, de su propio trabajo o rendimiento se vive como si fuera una oposición, con el correspondiente miedo al examen. Y esto sirve, sobre todo, para hablar frente a un público. Se trata para ella de un ser o no ser, de aprobar o suspender. Una «palabra equivocada» o una «aclaración tonta» y la persona afectada ya tiene la sensación de «dejar de caer bien» a sus oyentes.

Si intentas hacer que todo quede perfecto, cometerás fallos.

Una historiadora de arte de 44 años, cuya actividad consistía en asesorar a museos y galerías de arte, sufría de un fuerte miedo escénico cuando pronunciaba conferencias especializadas en las exposiciones o en círculos de colegas. A pesar de que era una experta en su campo, temía poder cometer errores durante las conferencias. Confundirse en un año o pronunciar mal una palabra no era para ella un fallo, sino más bien una catástrofe.

> ¡Lo que yo diga tiene que ser correcto y debe poder corroborarse! Tengo una extensa formación a mis espaldas y de mí se puede esperar que exprese los datos con precisión. En mi trabajo no me puedo permitir ser chapucera. Eso no puede ocurrir. Por eso, antes de cada conferencia repaso todos los datos que digo, incluso tres o cuatro veces. A pesar de todo eso, al principio me estremezco porque encuentro espantoso que se me cuele un *lapsus línguae* o que un colega descubra que he cometido un error.

Invitamos a esta señora a que practicara un sencillo ejercicio con el que podría reducir su miedo a los fallos y a los lapsus. Le pedimos que realizara una conferencia «especial» delante de todo el grupo; una conferencia en la que no hubiera ni una sola frase que tuviera sentido. En otras palabras, se trataba de que durante varios minutos sólo pronunciara idioteces.

Para la historiadora de arte fue el mayor desafío de este seminario. Decía palabras normales que enlazaba para formar frases sin sentido acerca de la historia del arte. Le supuso mucho esfuerzo pronunciar la primera frase absurda. Antes de comenzar a hablar estaba sentada delante del grupo y «sudó la gota gorda», tal y como nos dijo después. Tras la primera larga y tormentosa frase, comenzó a disolverse su bloqueo interno y el resto del discurso le sirvió para divertirse. Se grabó en vídeo su incoherente disertación y, a continuación, se reprodujo ante el grupo. Se escuchó y vio a sí misma, por primera vez en su vida de adulta, «diciendo idioteces de forma consciente» mientras los demás miraban y escuchaban con atención.

**A menudo, entre bastidores de la perfección
está sentada la temblorosa miseria.**

Después del ejercicio nos contó que, al principio, la situación le pareció muy embarazosa y querría haber abandonado. Pero, gracias a las adecuadas sensaciones y percepciones, pudo descubrir lo que era peor para ella a la hora de cometer un fallo ante los demás, y así pudo echar un vistazo entre bastidores a su instrucción interior: «debes-ser-siempre-correcta-y-perfecta». Con esa orden quería protegerse de la experiencia de un posible fracaso:

Para mí, como experta, el peor horror que puedo sufrir es que alguien me indique que no he trabajado con corrección; por decirlo de otra forma, que he sido una chapucera. Pienso que se pone en juego mi fama de experta y no me puedo permitir ningún fracaso. Por eso he estudiado durante mucho tiempo y con gran esfuerzo para llegar a ser lo que soy, y he tenido que luchar mucho para llegar al puesto en el que trabajo ahora.

Bajo sus órdenes internas de perfección, está el «horror» a que la dejen de considerar una experta. Por supuesto que ella sabe que un error o un lapsus no van a acabar con su carrera. Sin embargo, en cada discurso ella tiene miedo por su estatus, por su fama como experta.

Cometer un fallo no significa una catástrofe.

En cada conferencia en público se ponían en juego sus capacidades y su competencia. Aprobar o suspender; para ella cada una de sus disertaciones era un examen.

Por medio de este ejercicio de «insensateces» practicó lo que quería evitar: el fracaso, el fallo y los errores en masa al hablar.

Muchas semanas después del seminario, en una nueva reunión con las mujeres que tomaron parte en el mismo, la historiadora nos informó de cuánto le había cambiado a ella ese ejercicio. Sus grandes temblores antes de los discursos se habían convertido, ahora, en una ligera intranquilidad. Tenía mucho menos miedo a cometer errores durante sus intervenciones, aunque seguía preparándolas de forma muy minuciosa. Además, durante los discursos estaba más relajada. Tal y como ella misma dijo: «Ya no me presento demasiado seria, sino que incluso me arriesgo a hacer un poco de humor».

El ejercicio de hablar-sin-sentido no es, según lo visto, un entrenamiento para enseñar a las mujeres cómo pueden decir más estupideces en el futuro, sino más bien una forma de diluir las instrucciones internas de corrección y perfección, con las que muchas mujeres se angustian y quedan paralizadas.

Nosotros pensamos que cometer fallos es algo humano y admitirlo agrega un cierto y simpático efecto de superioridad. Estamos de acuerdo con Ingrid Steeger, que, una vez, dijo: «¡A partir de nuestros errores nos hacemos inteligentes, de ahí que nunca lo seamos lo suficiente!».

LAS MULETILLAS EN EL DISCURSO

Los sonidos y muletillas superfluos y poco deseados, como, por ejemplo, decir «¡ah...!, ¡eh...!, ¡bueno...!, ¡esto...!», se les escapan a muchas personas mientras hablan, a fin de poder ganar tiempo para reflexionar un poco. La oradora o el orador piensa entre las pausas de su charla la forma de decir la siguiente palabra o frase. Y estas cortas interrupciones se superan a menudo con ayuda de un sonido intermedio.

Durante una exposición se producen muchas de estas muletillas, que advertimos una vez que visionamos la grabación de vídeo del ponente. Durante la charla, nuestra concentración está fija en las palabras que se pronuncian, y la mayoría de las veces se nos escapa un «bueno...» sin que nos demos cuenta.

Cuando la mujer afectada se percata de que, con cierta frecuencia, le aparece uno de esos «bueno...», la conferencia se le hace más complicada. Ahora se da cuenta de cada muletilla que pronuncia durante su charla y, por eso, de repente se pone a hablar de forma atropellada o, tras uno de esos «¡eh...!», se sale por completo del tema.

La pronunciación de cualquiera de esas muletillas y otros sonidos intermedios es una costumbre que no deja de tener un sentido. Quizá estos sonidos intermedios sirvan para crear un flujo ininterrumpido de palabras. Las mujeres (y también los hombres) a las que se les interrumpe con frecuencia, o no se les escucha hasta el final, tienden a hablar de forma tensa y apresurada. Quieren expresar a toda prisa todo lo que han venido a decir antes de que nadie les pueda interrumpir. Y, mientras piensan sus siguientes palabras, entre frase y frase emiten un ligero sonido como para decir que aún no han finalizado.

La superación de las instrucciones internas y las prohibiciones lleva consigo, en muchas ocasiones, que la forma de hablar sea más tranquila y menos precipitada.

Elimina las muletillas en las pausas de tu disertación.

Si la oradora se permite durante la exposición pensar con tranquilidad y concederse, a sí misma o al público, una pausa, estos sonidos superfluos desaparecerán por sí solos.

Para las mujeres, además, también es importante hacer ver su derecho a hablar y a defenderse contra las interrupciones. En el caso de pensar que te interrumpen demasiado durante tu disertación, debes mostrarte enérgica. Mira de forma directa a la persona que te pretende cortar el hilo e indícale con lenguaje (corporal): «¡Alto, PARE UN MOMENTO, aún no he terminado!»; o «¡Espere un poco!»; o bien «¡Déjeme llegar al final de mi disertación!», y de esa forma te aseguras tu lugar en la charla. También esto se puede practicar en el día a día o en un seminario de entrenamiento.

En caso de que no leas tu intervención palabra por palabra, sino que improvises, puede ocurrir que la conexión entre las ideas y las frases no surja con toda perfección. Tampoco unos papeles muy cuidados te sirven de protección para una improvisación o para que no pierdas el hilo. En todo caso, debes aceptar que existen guiones que te pueden resultar muy útiles y, en cambio, otros sólo servirán para enredarte. Encontrarás comentarios sobre manuscritos útiles en el cuarto capítulo: «*Persuadir a base de mostrar seguridad en ti misma: ayudas, consejos y técnicas*».

Una conferencia improvisada, que no se lee, es como una caminata por un paisaje gigantesco. El quedarte parada puede ser como un ligero descanso en el caminar, volver a orientarte sobre el plano y, quizá, tomar otra dirección. ¿Por qué tememos tanto pararnos mientras pronunciamos un discurso?

Cuando has perdido el hilo, permítete a ti misma poder volver a encontrarlo.

Se teme ese corto espacio de tiempo en que se pierde la orientación y que una misma puede percibir como muy largo. No podemos tener bajo control el hecho de quedarnos paradas durante una disertación; nos limitamos a perder el hilo, lo queramos o no. Es entonces cuando surge la sensación de desamparo o de pérdida del control.

Además, a eso se añaden las valoraciones negativas que en muchos casos lleva consigo el perder el hilo de la charla: quedarse parada es un error, un fracaso, una muestra de nerviosismo, de miedo y/o de ignorancia. Muchas de estas sensaciones provienen de la época de la escuela. El profesor formulaba una pregunta a sus alumnos que, desorientados en la mayoría de las ocasiones, tartamudeaban al dar la respuesta. O emerge el recuerdo de lo que ocurría al estar sola, delante de todos en la pizarra, cuando debías decir algo y te quedabas sin saber qué decir. Estos recuerdos de los ridículos escolares se trasladan también a la edad adulta, y algunas situaciones que te surgen al hablar en público te recuerdan a aquel entonces: el cerebro se queda vacío y en los oídos vuelven a sonarte las risas burlonas de tus compañeros de clase. En aquellos tiempos, el quedarse callada acarreaba burlas mordaces, malas notas o, de forma más sencilla, sensaciones embarazosas. Muchas, incluso a día de hoy, temen poder quedarse paradas durante su intervención.

A eso se añade el hecho de que muchas personas tienen ante sus ojos (u oídos) un modelo equivocado del discurso ideal. Para ellas, una conferencia es una corriente de palabras que, si fuese posible hacerla sin interrupciones, fluiría de forma monótona hasta acabarse.

En un buen discurso cambia la fuerza del viento.

De hecho, una conferencia relajada y eficaz es como un viento que sopla con distintas intensidades. A veces, es una tormenta impetuosa; a veces, es una tenue brisa templada. Entre ambos extremos hay veces que no domina ninguno y tenemos una calma chicha.

Las pausas y las interrupciones en el discurso no son un fallo, sino más bien una necesaria calma en el viento que se produce durante la exposición, a causa del contraste de pareceres y la tensión. Las paradas, los silencios durante las conferencias, no son un fracaso, sino más bien un elemento del montaje de la dramaturgia.

La orden interna «¡No debo quedarme parada!» hace que la ruptura del hilo del discurso se pueda convertir en un problema. El miedo a eso y la obligación de evitar los breves «no-saber-nada-más» en las disertaciones desembocan en un pánico interno y, por decirlo de alguna forma, a echarle un vistazo a nuestro «mapa de carreteras» interior («¿Dónde estaba yo y a dónde quería llegar?»).

En lugar de buscar con tranquilidad un punto de enlace, la oradora se mete, con sus ideas de «¡Es espantoso, no sé cómo seguir!», en un carrusel de miedo. Con el miedo metido en la cabeza y el corazón, es natural que no se le ocurra nada. Y a toda velocidad pasa de una ligera pérdida del hilo a un *blackout* total. El carrusel continúa su giro cada vez a mayor velocidad. Al parecer, ya no hay esperanza.

En el estado del bloqueo han desaparecido los bien pensados consejos, como esos de «¡Respira con profundidad!». Lo único que de verdad ayuda a la solución del bloqueo se obtiene a base de aceptar lo que ocurre: «Bien, he perdido el hilo». Y punto. Luego, sin la ayuda de ningún consejo ni truco, la mayoría de las veces se recupera y la exposición puede continuar. Para prevenirse, te recomendamos el ejercicio de *focusing* de la página 121.

Cuando el temor a quedarte atascada disminuye, en la mayoría de ocasiones también se modifica toda la conducta de la oradora. Por el temor a perder el hilo, intentamos hablar con mayor velocidad para concluir la exposición a toda prisa. Todo el discurso se desgrana de forma abrupta, para que no te distraigan ni te salgas del tema.

Utiliza el perder el hilo para establecer contacto con el público.

Si la pérdida del hilo de la disertación deja de ser para ti un problema, la mayoría de las veces hablarás con más tranquilidad y viveza. Te tomas tu tiempo para, durante la exposición, reflexionar y establecer contacto con el público. Es más, utiliza tus pérdidas del hilo para incluir a tu auditorio en el discurso y estimularlo. Pídele ayuda: «¿Dónde me había quedado?», si es que no encuentras tu «mapa de carreteras».

Para que las participantes en nuestros seminarios puedan aprender a dar un rodeo a sus *blackouts*, hemos desarrollado un ejercicio para provocar la pérdida del hilo conductor de la charla: durante una presentación se le muestran a la oradora en una pizarra una serie de palabras que debe incluir, de forma racional, en su exposición. Integrar de forma creativa en la conversación palabras como «ketchup», «fiesta de Navidad» o «iniciador de una moda» puede hacer que nos salgamos, con mucha facilidad, del tema en cuestión. El objetivo del ejercicio es, con la mayor tranquilidad posible, volver a recuperar el hilo perdido.

INTERRUPCIONES Y ATAQUES DESDE EL PÚBLICO

Una risa amable, asentimientos con la cabeza y aplausos, eso es lo que deseamos como reacción del público. Pero ¿qué ocurre cuando no surge la aprobación y la única respuesta de los oyentes es un silencio gélido o, incluso, un abierto rechazo?

> Mi mayor miedo, sobre todo, es ganarme una negativa. Cuando yo hablo y la gente tuerce nerviosa los ojos, de inmediato me vuelvo insegura. Lo peor que me puedo imaginar es que me silben o que la gente grite: «¡Acabe!».

Esto es lo que contaba una mujer que, desde hacía algunos años, era practicante activa en la política municipal. Seguía con su relato:

> Si hablo delante de gente de los que sé que comparten mis mismas opiniones, estoy muy nerviosa, pero no tengo tanto miedo. Pero cuando hay una variedad de opiniones, como en discusiones o en actos públicos, de inmediato me tiemblan las rodillas y no me sale ni un sonido.

Existe la posibilidad muy real de que con tu exposición no recibas una corona de laurel, sino más bien rechazo y controversia. Sin embargo, la mayoría de las veces una vehemente protesta del público sólo ocurre en las fantasías de la oradora. Las mujeres que temen ser abucheadas o silbadas durante su exposición han vivido tales situaciones en casos muy raros. Pero sólo la idea de que algo así pueda ocurrir les basta a muchas para crear su miedo con la orden: «¡Debo gustar! ¡No debo ser rechazada por los oyentes!». Junto a la superación de esta orden, en los seminarios ofrecemos un ejercicio en el que las participantes sufren, durante su discurso, un neto rechazo por parte de los oyentes. La propia oradora decide el «grado de fuerza» que ha de tener el rechazo.

Así puedes aprender a mantenerte firme ante un ataque.

Este rechazo puede ir desde un movimiento de cabeza casi imperceptible, a cuchicheos y susurros entre el público, pasando por risas e interrupciones, o incluso un ruido elevado al abandonar la sala mientras se desarrolla la ponencia. Cada participante sometida al fuego cruzado de la protesta experimenta con sus propias reacciones durante este ejercicio. ¿Cuáles son los ataques del público que no puede ignorar? ¿De qué modo reacciona ante ellos? Y ¿cuáles son los rechazos que, en particular, le resultan más duros? Con este ejercicio, algunas han desarrollado estrategias de defensa muy útiles para ellas, o bien han constatado que un ataque enérgico del público les ha estimulado y ha impulsado su exposición. Todas ellas, a partir de esta vivencia de rechazo, realizaron una experiencia conjunta: descubrieron que podían aguantar un ataque. En un principio, eso les sonaba muy raro, porque la mayoría de las mujeres que temen el rechazo y la negación estiman que no podrían soportar que otras personas les recusaran. Tras el ejercicio, constataron que este rechazo por parte del público no tenía consecuencias tan desoladoras como ellas habían pensado. La mayoría de las mujeres se quedaban sorprendidas de su propia agresividad y capacidad de resistencia. Por ello, muchas descubrieron que no hay comportamientos generales «adecuados» o «siempre efectivos» en el caso de sufrir ataques o rechazo. A menudo, para el discurso o el ambiente del acto resulta más adecuado ignorar de raíz una interrupción. Pero también existen situaciones en las que es importante replicar a una interrupción o contradecir a alguien.

El trato con el rechazo y los ataques depende también, como es lógico, de la personalidad de la oradora en cuestión. Algunas mujeres han descubierto en nuestros seminarios que son capaces de continuar con su discurso, a pesar de comentarios ligeros e irónicos. Otras han resultado ser maestras a la hora de indignarse y distribuir reprimendas. Pero aquí también sirve decir que la reacción espontánea y adecuada a una interrupción y un ataque sólo pueden servir cuando el raciocinio y, en especial, la creatividad no están bloqueados por ningún tipo de orden interna.

Miedo de las mujeres a hablar en público: miedo con sistema

En este apartado nos dedicaremos a la pregunta: ¿existe un «sustrato» común para que en las mujeres surja un temor a hablar en público?

Uno de estos «caldos de cultivo» lo encontramos en la educación de «ser mujer», que representa un cimiento sobre el que edificar los otros obstáculos con los que se puede tropezar:

- El convencimiento interno de ser inferior.
- El perfeccionismo.
- El anhelo por la aprobación externa.

Junto a este trasfondo de fuerte condicionamiento social, el cual provoca que las mujeres sufran miedo de hablar en público, también se pueden encontrar experiencias individuales que, a menudo, se basan en hechos ocurridos en la niñez. Algunas de ellas te las presentaremos bajo el titular: *«Los cadáveres del sótano»*. Quizá te reconozcas aquí en una u otra de las descripciones y puedas llegar al fondo de las causas de tu temor a hablar delante de un gran público.

EL VIEJO «CORSÉ FEMENINO»

En un principio, vamos a tratar el miedo de las mujeres a hablar en público desde el punto de vista de la problemática social y cultural. Las apariciones públicas y el que las mujeres hablen delante de otros, si se consideran desde un punto de vista histórico, son un adelanto muy reciente. El dicho de que «la mujer se calla en la parroquia» parece un anticuado imperativo bíblico y, sin embargo, todavía es un mandato válido que se hace realidad en los auditorios, salas de conferencias y en los locales sociales.

Las reglas según las cuales se han comportado las mujeres han calado con distinta profundidad en cada una de ellas y se encuentran más «arraigadas» de lo que pensamos. Algunas de estas reglas ponen tantos impedimentos a la mujer a la hora de expresarse, que el mero hecho de hablar supone un problema. Todas ellas se rigen por la orden «*¡Quédate callada y en segundo plano!*». Una chica bien educada no es descarada, ni echada para delante, ni ruidosa. Más bien todo lo contrario: se mantiene discreta y callada.

> **Las mujeres suelen ceder la palabra a los demás.**

Si en nuestro seminario dos mujeres comienzan a decir algo al mismo tiempo, casi siempre se llega al tradicional «después-de-ti». Se miran, se ríen y dicen:

—Habla tú.

—¡No, no, dilo tú!

¡No te equivoques! Esta regla está muy asentada en muchas mujeres, y ceder la palabra tiene como consecuencia no volver a hablar. Esta postura puede parecer tan cordial y cortés, como molesta puede resultar cuando desde ella se genera un mandamiento obligatorio.

Esto lleva al hecho de que algunas mujeres asisten a las discusiones sólo para pasar el rato. Por miedo a equivocarse, o a ocupar demasiado sitio, se acomodan en su asiento, se aíslan y permanecen calladas.

Otra orden que hace que a las mujeres les resulte complicado hablar es: «*¡Sé tímida!*».

> «¡Sé como una violeta en el musgo,
> modesta, tímida y pura,
> y no como la orgullosa rosa,
> que siempre quiere ser admirada!»

Este lema de álbum de poesías ha sido desechado por muchas mujeres como una antigualla propia de la época de nuestras abuelas. Pero no se puede negar que este mandamiento resulta muy actual incluso hoy en día: las mujeres lo tienen complicado a la hora de comunicar sus capacidades y competencias. A nadie le puede extrañar que uno de los ejercicios más difíciles de nuestro seminario sea el de hablar durante tres minutos de algo positivo sobre nosotras mismas.

En este ejercicio no se trata de exagerar, fanfarronear o «hacerse la fuerte», sino de hablar de las capacidades que tiene cada una. Ni más ni menos. Y, a pesar de ello, la mayoría de las veces resulta muy embarazoso: valorarse a una misma y expresarlo con libertad limita a muchas mujeres, y es por causa de una supuesta arrogancia (y esto es grave y, tal y como sabemos, provoca el fracaso).

Por eso las mujeres son más expertas en disminuirse, callar sus méritos y restar importancia a sus competencias, que en desear mostrarse en todo su esplendor.

No te calles tus méritos.

Este mandamiento de timidez destruye a menudo la práctica de mostrarse competente ante los demás y prohíbe, al mismo tiempo, el disfrute del éxito propio. Las contribuciones verbales suelen ir encabezadas con una disculpa («En realidad no soy una buena oradora...») y acaban con una devaluación («Bueno, pues ya no tengo nada más que decir, eso ha sido todo...»). El posible aplauso se ve abreviado por la rápida huida de la oradora, ya que las mujeres no sólo temen una expresión de desaprobación tras el discurso, sino que sienten la gran ovación igual de embarazosa, pues eso daña su mandato de timidez: está prohibido recibir un aplauso, saborear el éxito y que a una le den palmadas en el hombro a modo de aprobación. Esta «falsa timidez» provoca, en no pocas ocasiones, sufrir la experiencia de no ser tomada en serio y refuerza en un doble sentido el propio sentimiento de fracaso.

Una conferencia no es un concurso de belleza.

Otra orden específica de las mujeres, que se hace visible en su comportamiento al dirigirse a un público, es la de «*Amóldate y serás respaldada*». Por eso, el escuchar de forma comprensiva, secundar y decir lo que los demás quieren oír, pertenece al rol de la mujer; formular una pregunta o defender tu propia opinión puede ser considerado como ofensivo. Esto puede acarrear como consecuencia que las mujeres olvidemos por completo la expresión de nuestra propia opinión, y ni pensar en expresar que estamos de parte de alguien o que sostenemos una opinión contraria a otra persona. Una mujer explica esto de modo muy oportuno:

> Ya no sé lo que quiero: durante años no he hecho otra cosa que ser una hiedra que crece alrededor de mi marido.

Junto a los reglamentos específicos del sexo, que se refieren a discreción, timidez y adaptación, otro mandato juega un papel decisivo en cuanto a la creación del miedo escénico a colocarse delante de un público: «*¡Una mujer debe ser be-*

lla!»; y la belleza es eso que todas nosotras hemos aprendido: medidas ideales, peso ideal, sonrisa permanente y la moda más actual que se publica en las revistas femeninas.

Hablar en público implica, la mayoría de ocasiones, ser vista por uno o varios hombres importantes. Y eso es lo peor para muchas mujeres: ser vista y juzgada, primero por su aspecto físico y luego por el contenido de su disertación. Esta experiencia la sufren las mujeres que suelen hablar en público con frecuencia. Las grabaciones en vídeo que practicamos en nuestros seminarios sacan a la luz la raíz del miedo a hablar en público de muchas mujeres: «No debo hablar..., porque soy fea..., o... porque estoy gorda..., o... porque mis dientes están separados». En muchos aspectos, este temor a enfrentarse a un público resulta en muchas mujeres un miedo a mostrarse ante los demás, porque piensan que no se ajustan al ideal de belleza actual.

La enseñanza de ser mujer constituye el motivo principal de la inseguridad que se presenta en ellas cuando se sienten angustiadas por hablar en público. Incluso aunque el tradicional «corsé femenino», motivo principal de su inseguridad, esté mucho más flojo y más suelto desde hace ya unas cuantas décadas, éste sigue ejerciendo su presión, más o menos visible, en algunas mujeres. Vivimos en una sociedad en la que dominan los valores masculinos como la fuerza, la capacidad de exigencia y la obligación del éxito y que infravalora a las mujeres. Muchas de ellas llevan este descrédito exterior como un «desprecio interiorizado hacia la mujer», y es frecuente causa de una inseguridad fundamental que nosotros designamos en lo que sigue como un «sustrato» para el temor a hablar en público.

El temor a hablar en público va unido en muchas ocasiones al miedo a ser el centro de atención, tal y como ya se ha mencionado en el capítulo anterior. En una observación más cercana de esta escena y de los temores que van asociados a ella, las mujeres hablan con frecuencia de sensaciones como: verse taladradas por las miradas, verse desnudas, presentarse al descubierto, quedar desprotegidas y abandonadas y que todos pudieran contemplarlas hasta el fondo. Todo lo que puede salir a la luz, en la mayoría de los casos, es un ser mínimo, incapaz, estúpido y odioso que debe ser escondido ante los demás, tal y como nos lo describe la siguiente cita: «Tengo miedo de ser insignificante, de no valer nada. Un miedo que saca a la luz lo pequeña, estúpida, chiflada y boba que soy».

El temor al público constituye aquí una muestra de una general inseguridad interior. La inseguridad del valor propio, de la fuerza propia y frente a los resultados. Nos sorprende cómo muchas mujeres viven con este «desprecio interiorizado hacia la mujer» con el que se convencen que son inferiores.

**El «desprecio interiorizado hacia la mujer»
actúa como un corsé muy apretado.**

Muchas de las participantes en los entrenamientos de retórica son, en el exterior, mujeres eficaces y competentes. Pero ellas, en su interior, se mueren de horror y su escaso sentido del valor propio parece estar en constante peligro de ser puesto al descubierto. Una mujer de éxito lo expresó así durante una charla de asesoramiento:

Los demás son más inteligentes que yo y, si no tengo cuidado al hablar, se van a dar cuenta de lo boba que soy. Soy más tonta que los demás, eso está claro. He pensado en cómo me siento ahora: yo soy más tonta que los demás, y lo encuentro muy triste, pero no pasa nada, es así y punto. La cosa en sí está bien clara. Pero los demás no deben darse cuenta de ello.

Así que muchas mujeres se preocupan de esconder esa parte de su personalidad que consideran poco valiosa. El mandamiento central «¡No debe salir a la luz que soy inferior!» se ve respaldado por otras muchas prohibiciones, tales como: «No debo...

- Parecer insegura.
- Ponerme colorada.
- Decir algo equivocado.
- Preguntar nada».

La ocultación puede llegar tan lejos, que la mujer afectada se suele volver invisible e inaudible; es como si fuera por el mundo enfundada en un traje de camuflaje.

«No debe salir a la luz que, en realidad, soy una boba».

Una mujer estaba tan implicada en este proceso, que evitaba a toda costa decir nada: llevaba años callada, sólo vestía trajes discretos o negros y tenía una inanimada expresión en la cara. Todas estas estrategias debían contribuir a proteger su propio yo interno y vulnerable, a base de mantener el lema: «Si *no* me comporto de ninguna manera, no podré comportarme mal».

A menudo, al final de nuestros *workshops* o talleres escuchamos: «Al principio pensaba que yo era la única que tenía miedo a enfrentarme a un público, las demás no deberían estar aquí». Este fenómeno surge a partir de la propia inseguridad, hace que las demás sean competentes y una misma una fracasada. Una se escudriña a sí misma en una forma de feroz crítica y, en su interior, se suspende sin ninguna piedad. Muchas mujeres no pueden creer que sean ellas mismas cuando se contemplan por primera vez en un vídeo. Un mujer escribió: «... lo más extraordinario fue verme a mí misma. Esa encantadora mujer del vídeo, que habla de forma tan libre y sin muletillas, con pausas y la mirada dirigida al público, me resultó una total desconocida».

A algunas de ellas les parecía muy complicado cambiar su propia imagen disminuida por la imagen real. «Esto no puede ser cierto —dijo una de las mujeres después de ver su grabación de vídeo—. Mi amiga me dice siempre que desde fuera no presento un aspecto tan catastrófico; pero yo nunca la he creído: siempre he pensado que lo hacía para que me sintiera mejor». A menudo, este convencimiento de ser inferior es tan fuerte que, como ha quedado claro en el ejemplo de arriba, el elogio propio y el ánimo no tienen ninguna oportunidad. Este posicionamiento interno ante una misma es el «caldo de cultivo» central del miedo a hablar en público, a pesar de que lo que comentamos a continuación contribuya menos a ello.

EL PERFECCIONISMO

No son raras las ocasiones en las que de la sensación de inferioridad se origina una obligación interna de perfección. Las órdenes interiores sirven entonces para transformar a

66

una personalidad de deficiente valoración propia en un modelo ideal: «Yo debo...

- No equivocarme.
- Estar siempre relajada.
- Ser algo especial.
- Saberlo todo», etc.

Esto crea la obligación de parecer sobresaliente, de carecer de debilidades, de ser perfecta. Así, el más mínimo fallo puede ser un peligro, pues dicho fallo puede hacer vacilar los cimientos del edificio de la propia perfección. Las pequeñas meteduras de pata se convierten en una gran catástrofe, tal y como nos expresa esta señora: «Cuando en una presentación oral no me salen perfectas y fluidas las primeras palabras, todo se echa a perder; cuando ocurre, me limito a terminar lo que me falta, hasta el final, de forma que pueda dejarlo todo tras de mí a toda velocidad».

A lo que se aspira es a la perfección total, detrás de la cual se coloca una esperanza: si soy perfecta (es decir: competente, útil, correcta, atractiva, etc.) seré aceptable, formaré parte del grupo y todo estará bien. Lo único que cabe añadir es que la perfección no existe.

La aprehensión de la perfección es comparable al intento de capturar nuestra propia sombra: siempre se tiene delante de los ojos, pero, sin embargo, nunca se puede alcanzar, siempre se nos escapa. Por tanto, estamos condenadas de antemano al fracaso: si queremos alcanzar algo inalcanzable no hay duda de que nos sentiremos unas fracasadas.

La necesidad de la perfección es como intentar capturar nuestra propia sombra.

Para colmo de males, este fallo no sólo ocurre como un «fracaso interior», sino que nosotras, como ya hemos comentado antes, nos sentimos provocadas por la elevada exigencia de rendimiento: a causa de la presión interna, la mayoría de las veces ya tenemos preprogramado el «fracaso real» (es decir: el *blackout*, el tartamudeo, perder el hilo, etc.) y el círculo vicioso de la valoración propia se hace cada vez más intenso:

«La próxima vez debería estar mejor preparada / hacer un curso de retórica, debido a lo estúpida que soy...».

Otro factor que se deduce de los dos recién comentados es:

EL ANHELO DE UNA CONFIRMACIÓN EXTERIOR, O EL MIEDO ANTE LA PÉRDIDA DE CARIÑO

Las mujeres hemos sido educadas para relacionarnos con los demás. Nos ocupamos de los hombres, de los niños y de los padres que necesitan atención y, a menudo, nos comprometemos en trabajos sociales. Nuestro trabajo es ocuparnos de los demás, también en el habla.

Las mujeres, tal y como escribe la lingüista Senta Trömel-Plötz, tienen un «estilo cooperativo del lenguaje»: hacen preguntas, escuchan, están en contacto con los demás, confirman y buscan la confirmación, resumen e interrumpen en muy raras ocasiones, pero siempre que esta interrupción constituya más bien un apoyo. Por lo tanto, el rol de la mujer simula un «lenguaje de relación» en el que se impone entender a los demás y crear un acuerdo cooperativo. La mayoría de las veces, la atmósfera es más importante que la creación de posiciones de superioridad o la imposición del contenido de sus puntos de vista. Si se pregunta a las mujeres lo que les da miedo, la respuesta más común es «expresar sus opiniones»: tienen miedo a ser rechazadas. Lo peor es dejar de gustar a los demás y entonces esto es lo que les ocurriría: si expresaran una opinión discrepante, se perdería su trabajo de apoyo cooperativo y se constituirían en el centro de la atención de los demás.

> **Atrévete a correr el riesgo de imponerte.**

A costa de sus autoafirmaciones y su independencia, muchas mujeres prefieren, no obstante, ajustarse a las reglas de los demás. Parece que sólo son valiosas como personas cuando hay alguien que lo confirme.

A causa de esta dependencia de las relaciones y de la confirmación exterior, muchas mujeres con temor a expresarse en público viven con la amenaza de que, por una mirada despectiva o por una palabra crítica, se hunda bajo sus pies el suelo de su propia autoestima. Por esa causa, con frecuencia han desarrollado unas antenas muy sutiles que les sirven para captar el entorno y las señales que vienen del exterior.

> **Nuestro sistema de radar está orientado a la captación de las más sutiles señales de crítica.**

Este «sistema de radar», que está muy sujeto a averías, atrapa las señales más insignificantes y hace saltar la alarma y, en el peor de los casos, está dirigido al fracaso:

«Yo ya estoy abocada al fracaso si alguien levanta una ceja o cuando alguien hace un comentario reservado sobre lo que he dicho. Entonces no necesito nada más; es por eso por lo que fracaso de forma constante».

Con esos temores a la hora de expresarse (u otros muy parecidos), muchas mujeres expresaron su idea interior de la calamidad que suponía que no las encontraran encantadoras. Aquí se cierra el círculo que una mujer describe de la siguiente forma: «Creo que lo peor es que no se reconozca mi capacidad. No tengo que hacer nada equivocado, es decir, no debo fracasar. Para mí, el rendimiento va muy conectado al cariño. De forma muy estrecha e insuperable. Sin capacidad no valgo nada. Debo estar al 150%, ya que lo peor sería que no me quisieran». Y una gran parte del miedo a hablar en público se debe a los mandamientos internos con los que está asociado.

Junto al «caldo de cultivo» antes mencionado, para el temor de hablar en público existen otros miedos que, por lo general, se encuentran inmersos en la historia de la niñez propia:

«LOS CADÁVERES DEL SÓTANO»

Con ello nos referimos a todos los acontecimientos desagradables, embarazosos o enfermizos que llevan en su más profunda intimidad las mujeres que sienten miedo a hablar en público. La mayoría de las veces están muy bien ocultos, pero se fermentan y, a menudo, es en la niñez donde se encuentra el quid de la cuestión y donde aparecen las causas de ese temor a expresarse delante de los demás. En nuestros cursos de asesoramiento y entrenamiento, desenterramos muchas de estas experiencias que las mujeres han adquirido a lo largo de su vida: es mejor cerrar la boca, no contar nada de ellas mismas, no volver a situarse como centro de atención, etc.

Así, por ejemplo, una señora nos comentaba que cuando era una chica joven «siempre debía ser especial», plena de amabilidad, y debía presentarse en público muy arreglada, a pesar de que eso le hacía sentirse fatal. Desde aquellos momentos, odió cualquier situación que la obligara a ponerse ante los demás. También se dan experiencias opuestas. Una mujer contaba: «Yo no debía estar allí. Yo creo que me di cuenta demasiado pronto de que no era querida y de que constituía un lastre para mis padres; por esa causa, empecé a hacer como si yo no estuviera». Ahora, como adulta, le resultaba muy complicado hacerse hueco y «sentirse cómoda», tanto en lo físico como en el uso de la palabra.

La orden enterrada en lo profundo desde su niñez, y que rezaba: «debo hacer como si no estuviera aquí», siguió surtiendo su efecto y le bloqueaba a la hora de hablar ante los demás.

Una gran cantidad de ejemplos de experiencias enfermizas durante la niñez y la juventud provienen de la época del colegio: ser ridiculizada delante de la clase, que se rían de una o sentirse humillada, las pegas a la hora de cantar en alto o recitar poesías o hablar con espontaneidad, son hechos que para muchas mujeres han supuesto echar por tierra sus ganas de hacer apariciones públicas. ¡Nunca más hablar delante de un grupo! ¡Evitar lisa y llanamente la sensación de estar «a la vista de todos, como en una exposición»! Estas son unas típicas órdenes aprendidas, cuyo origen se encuentra en experiencias vergonzosas durante la época escolar.

Las experiencias enfermizas de la niñez pueden ser una inhibición para hablar en público.

Una mujer turca contaba sus experiencias: siempre había sido la inconformista de la clase y, por ello, había padecido de una constante sensación de ser una extraña y padecer de soledad. Para escapar de ese conflicto interno, desarrolló el mandamiento de amoldarse a cualquier precio: «No quedar al descubierto y, de esa forma, no llamar la atención» fue el imperativo más elevado que le bloqueaba cualquier situación en la que hubiera debido sobresalir para decir algo en contra.

Otra señora achacaba a su madre la culpa de su temor a expresarse en público: era una conocida política, que aparecía con frecuencia en televisión y realizaba notorias intervenciones. Desde muy pronto se había impuesto a sí misma el lema: «¡Nunca seré como mi madre!», pues el deseo de medirse con ella iba siempre unido a la sensación de no poder lograrlo nunca. A esta señora le quedó claro, algún tiempo más tarde, que pensaba que al hablar en público todo el mundo la iba a comparar con su madre, y ése era el motivo de su temor.

Pero existen esos y otros innumerables «cadáveres del sótano» individuales: experiencias que, aunque se desplacen u olviden por ser desagradables, siguen hirviendo en nuestro interior. El miedo a hablar en público sólo es, a menudo, la «punta del iceberg». Si quieres tratar ese tipo de experiencias penosas que llevas tras de ti desde hace mucho tiempo, puede resultar muy útil que no lo hagas sola, sino que pidas ayuda profesional. Si notas que tu autoayuda se queda limitada, que a la hora de tratar con tus problemas caminas en forma de círculo o te quedas parada en un punto, queremos que te animes a buscar ayuda terapéutica. La idea de ocuparse una misma de sus propios «cadáveres del sótano» puede resultar desagradable, y por eso merece la pena dar ese paso, pues a la hora de tratar lesiones psíquicas no se trata de causar alboroto a base de levantar el polvo de tiempos pasados, sino de dar una oportunidad para que las «heridas» abiertas se curen de verdad.

Una de nuestras clientes describió de la siguiente forma el descubrimiento de sus antiguas experiencias:

«De esta forma le he echado un vistazo de cerca a mi panteón, que estaba cerrado a cal y canto; ha sido como abrir la puerta y dejar que diera el aire a los cadáveres que están allí, fermentando. Gracias al aire y a la luz, he conseguido que comiencen a deshacerse de una forma correcta y como debe ser».

LA FORMA EN QUE LAS ÓRDENES INTERIORES AVIVAN EL MIEDO: EL CICLO DEL MIEDO

La educación específica para uno de los sexos, la sensación de inferioridad resultante de ella, el perfeccionismo y el deseo de confirmación, así como los recuerdos enfermizos de la niñez antes comentados, pueden ser la base para la generación de ese temor a expresarse en público.

Queremos aclarar, una vez más, la forma en que el proceso de «darse órdenes a una misma» refuerza este temor.

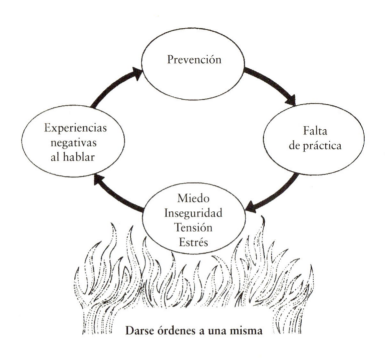

El viejo «corsé femenino».
El convencimiento interno de ser inferior.
El perfeccionismo.
El anhelo de una confirmación desde el exterior.
Los «cadáveres del sótano».

El caldo de cultivo del miedo a hablar en público, descrito en el capítulo anterior, es la base para el proceso de darse órdenes a una misma. En las situaciones en las que se activan los mandatos internos, tu «fuego interior» comienza a arder. El miedo, la presión o la inseguridad llamean. Este fuego puede poner en movimiento el miedo a hablar en público, como un círculo vicioso que se alimenta y fortalece a sí mismo. Esto puede suceder, por ejemplo, así:

Mientras nos demos órdenes a nosotras mismas, padeceremos bajo el efecto de una presión interna.

Esta presión interna, y la sensación de estrés y miedo, nos hacen estar en tensión y eleva la probabilidad de que, al hablar, comencemos a «patinar»: reunimos nuestras experiencias negativas, como la de ponernos coloradas, tartamudear, perder el hilo, sufrir un *blackout,* etc.

Estas experiencias pueden llevarnos a que, en el futuro, evitemos las ocasiones de hablar, pues las experimentamos como una especie de estrés: preferimos estar calladas, nos escabullimos y preferimos que hablen los demás.

Interrumpe el círculo vicioso de la prevención.

El impedimento es, a menudo, la causa de una práctica incorrecta. Son pocas las ocasiones en que nosotras «ensayamos» nuestra forma de hablar, tenemos poca experiencia y, por ello, menos éxito.

Los ejercicios equivocados llevan consigo un fortalecimiento de la inseguridad y consiguen que aparezca el estrés y el miedo cuando estamos en situación de pronunciar una charla.

Este círculo vicioso del miedo se fortalece de nuevo en un proceso interno en el que nos damos órdenes a nosotras mismas («debo decir más cosas», «tengo que acabar por quitarme de encima el miedo», «debo dejar de ponerme en ridículo en público», etc.), de modo que todo el sistema se estabiliza por sí mismo. De esa forma, contribuimos a que el corsé se haga más ajustado, a que nos sintamos inferiores o a que pensemos que podríamos ser más perfectas. Nos sentimos fortalecidas gracias a las confirmaciones que nos llegan del exterior, y enterramos nuestros «cadáveres» todavía más en las profundidades. ¿Existe una «salida de emergencia»? Sí: igual que has podido contribuir a excitar el temor, tal y como se ha descrito, puedes hacer que éste se inhiba. Comienza por dejar de emitirte órdenes internas: también la orden «¡No debo darme más órdenes!» es, en sí misma, un mandato.

¿Qué puede significar eso? Si dejaras de darte órdenes, podrías empezar a percibir lo que hay. Esto podría significar despedirse de los ideales propios y encontrarte con la normalidad sencilla y diaria de tu propia existencia.

Apréciate en lo que eres.

Esto también significa aceptar un riesgo, puesto que engloba la percepción de tus propias limitaciones reales, de tus verdaderos fracasos, de las flaquezas, los defectos, las costumbres y las imperfecciones. Aceptarse a una misma con todo cariño, con todos los sentimientos que eso lleva asociados, como son el dolor, la pena, la vergüenza, la ira, la duda, el desamparo, etc., significa tomar de nuevo un contacto contigo, colocarte en la vivencia del mundo de las sensaciones. Y forma parte de la diversidad vital, a la que no sólo pertenecen los sentimientos bellos y agradables, sino también los que, por norma general, no nos gustaría experimentar, sobre todo el miedo. En el instante en que nos situamos de verdad en la percepción de nuestra propia normalidad, nos queda claro que las valoraciones de bueno y malo se disuelven y, con ellas, desaparece tanto la obligación de ser una persona distinta de la que en realidad somos como las prohibiciones derivadas de no poder sentir lo que en realidad sentimos.

Queremos animarte a correr el riesgo de aflojar cada vez más el corsé que tú misma te has fabricado y mostrarte en tu total forma y plenitud, tal como eres.

DESARROLLAR LA SERENIDAD:
SOLUCIONES Y EJERCICIOS

Después de que en los capítulos precedentes te hayamos presentado cómo se muestra el miedo a hablar en público, cómo se genera, cómo se difumina el proceso de crearse imperativos a una misma y qué mandatos son los que afectan sobre todo a las mujeres, ahora, en esta segunda parte del libro, queremos ofrecerte una ayuda práctica de cómo puedes superar este temor cuando te llega la hora de tener que expresarte y hablar en público.

La mayoría de las mujeres que participan en nuestros seminarios desearían tener un botón con el que se pudiera desactivar el miedo. El temor puede ser una sensación tan desagradable y odiosa, que harían todo lo que estuviera en su mano sólo por lograr que desapareciera: hacer el pino apoyadas en la cabeza, tomar pastillas o murmurar un conjuro mágico, lo importante es que funcione. Es una decepción saber que este botón no existe, aunque sí hay una regla que se tiene que observar cuando se pretende eliminar el miedo.

Intentar evitar el miedo sólo conduce a reforzarlo. Enfrentarse a él lleva a su eliminación.

1. *Evitar el miedo*

Evitar el miedo quiere decir eludir las situaciones de hablar en público, no pensar en situaciones que produzcan angustia, mejor mirarlas desde lejos, ignorar el temor, animarse a uno mismo o controlarse, etc. Todas estas estrategias consiguen un alivio que, aunque sólo sea momentáneo, constituye una ventaja y, por eso, la mayoría de las personas confían en ellas. A largo plazo, sólo se observa que el miedo queda estabilizado; es decir, se le da un rodeo a la angustia en lugar de proceder a eliminarla. Ante cada nueva situación comprometida, volvemos a utilizar estas ayudas. A pesar de que sólo surten su efecto a muy corto plazo, pueden ser muy útiles en determinadas situaciones en lugar de, por ejemplo, tener que enfrentarte al miedo. A modo de comparación, es como si dispusieras de un botiquín de primeros auxilios que llevas para un caso de emergencia: con él sólo te puedes curar una herida y, generalmente, no te sirve para evitar los accidentes. Más adelante, te presentamos un resumen de algunas de estas maniobras para evitar del miedo.

2. *Competencias retóricas*

Otra posibilidad de disminuir el miedo es practicar tales situaciones de temor. La angustia se genera cuando tienes la sensación de que no vas a poder superar una situación complicada a la que no vas a poder hacerle frente. En el caso de algunas de las participantes en nuestros entrenamientos, la causa real de su temor a hablar reside en que no saben, dicho de forma simple y llana, cómo se deben comportar cuando tienen que expresarse delante de un grupo. Tienen un déficit de entrenamiento y, por eso, han preferido hasta el momento evitar estas situaciones. Para estas mujeres, el volumen del miedo se reduce, a la vez que aumentan sus capacidades y competencias. Esta experiencia se crea a menudo por medio de algunos ejercicios y remedios que se basan en el *know-how*[2] del habla. En el cuarto capítulo de este libro, te vamos a mostrar una serie de ayudas, consejos y técnicas que pueden serte útiles en este contexto.

3. Enfrentarse al miedo

A menudo, el temor a hablar delante de un grupo no desaparece de una forma automática, aunque estés preparada para ello. Esto es lo que demuestran muchas oradoras brillantes que han asistido a nuestros seminarios y que, a pesar de sus capacidades, sienten el miedo. Ellas desean eliminar sus temores, tanto a corto como a largo plazo. El principio es dejar de darse mandatos del tipo: «¡El miedo debe desaparecer!».

En los métodos de eliminación del miedo que te vamos a proponer, se trata de enfrentarse a ese temor: mirarle a la cara, estudiarlo, hacerle frente y aceptarlo tal y como es, sin tener que apartarse de la ocasión de hablar, como se tenía por costumbre hasta ahora. Es decir, enfrentarse a las situaciones de miedo en lugar de evitarlas. La forma en la que puedes aprender estos métodos de ayuda te la mostramos, paso a paso, en el capítulo: «*Consejo para una mayor serenidad*».

Aquí, de nuevo vamos a hacer un resumen que agrupe los tres caminos descritos para mantener una relación con el miedo:

2. En inglés, en el original: pericia, conocimientos, experiencia. Textualmente: «saber cómo» *(N. de la T.)*

Evitar el miedo	Competencias retóricas: ayudas, consejos y técnicas	Enfrentarse al miedo
I	II	III
Evitar:	Frenos del nerviosismo	Saludar al miedo: Percepción de aceptación
• Situaciones que provoquen miedo • Percepción interna por:	*Know-how* de expresarse en público	• En la imaginación • En la realidad
Desviarse Evadirse Controlarse Calmarse/tranquili- zarse Pensar en positivo	Ejercicio	Eliminar órdenes internas a través del *focusing*
A corto plazo, lleva a un alivio; pero, a la larga, el miedo se consolida.	Conduce a una mayor competencia personal; es una ayuda práctica en las situaciones de hablar en público y puede llevar consigo la eliminación del miedo.	Conduce a corto plazo a una experi-mentación más intensa del miedo, pero a la larga lleva a su eliminación. Primero crece la sensación de angustia, pero, después, hace que se reduzca.

Evitar el miedo

Cuando en nuestros seminarios preguntamos a las participantes cuáles son las estrategias que utilizan para eliminar su temor a expresarse en público, obtenemos un extenso abanico de métodos y trucos que cada una de ellas ha generado a partir de sus desagradables experiencias sobre el miedo. Algunas de ellas cuentan que el mejor método es, pura y llanamente, evitar las situaciones de hablar en público. Otras hablaban de sofisticadas maniobras de defensa, como: «Si me pongo colorada, me pellizco con fuerza en la mano y, de ese modo, me concentro en ese dolor y no en mi rubicunda cara que, en ese momento, deja por sí sola de estar colorada». O bien: «¡Yo siempre pienso: de esto no te vas a morir y, como siempre, una vez que pase continuarás viva!». Algunas mujeres se aprestan a defenderse con firmeza ante el miedo, agarran con fuerza el bolígrafo o se meten las temblorosas manos en los bolsillos. Otras recomiendan tranquilizantes o practican el pensar de una forma positiva («Eres fantástica, todos van a pensar que tu disertación ha sido muy interesante, todo va a ir como la seda, etc.»).

Cuando se les preguntó por lo satisfechas que estaban con esas estrategias para suavizar sus miedos, la mayoría de ellas contestó que no obtenían ninguna satisfacción especial. Es una ayuda momentánea, es mejor que nada, pero vuelven a ser necesarias en cada ocasión porque el miedo, en sí mismo, no ha variado.

En la realidad, esto es aplicable en los «métodos de escape». Sirven sólo para detener el miedo, pero siempre a corto plazo, mientras intentamos evitarlo. Primero aparece un patente alivio, nos distraemos, pensamos en otra cosa y nos desviamos de las situaciones que nos producen el temor, pero, a la larga, es esta actitud de escape la que hace que el miedo se convierta en crónico: cada vez que se elude, el miedo se entierra más y más y, por decirlo de alguna forma, lo consolidamos.

A menudo, se llega al «miedo ante el miedo», es decir: sentimos el temor de poder tener miedo (por ejemplo, miedo físico) y experimentamos la vivencia del miedo como si fuera una auténtica calamidad real.

> **Cada vez que se evita el miedo, se lo entierra a mayor profundidad.**

Por eso, una actitud de prevención puede estabilizar el miedo, y el miedo puede consolidar una actitud de prevención. Esta pescadilla que se muerde la cola puede limitar mucho la libertad vital y de acción de una persona, y elimina la oportunidad de probar, paso a paso, las situaciones que provocan el miedo.

La sensación de alivio a corto plazo, tal y como se da en estos «métodos de escape», sólo se muestra en el estadio inicial de la experimentación del miedo. Se sabe por la experiencia que, si el temor ya está en su apogeo, estas estrategias que deberían apartar al miedo lo único que hacen es intensificar su efecto. La lucha contra la angustia fortalece la presión interior y, por así decirlo, caldea el miedo, con lo que los pensamientos tales como «No debo tener este miedo. Pero lo tengo y no debería tenerlo» empiezan a girar en círculo. La consecuencia es que la persona no sólo experimenta el temor, sino que además entra en un conflicto interno en el que la tensión sigue en aumento.

De nuevo, un resumen: evitar el miedo puede ser un alivio a corto plazo, pero a la larga lleva a su fortalecimiento.

Queremos presentarte algunas de estas estrategias. En

ellas vamos a diferenciar dos caminos distintos para alejarse del miedo:

1. Evitar las situaciones que provocan el miedo.
2. Evitar la percepción interior del miedo.

Lo más obvio son las estrategias que intentan evitar, por completo, las ocasiones de hablar en público:

- No ir a reuniones o a actos en los que se propicie la posibilidad de controversia o discusión.
- Mejor solucionar todo por escrito.
- No formarse opiniones propias.
- Sentarse en las reuniones de trabajo para no decir nada.
- Dejar de llamar por teléfono.
- Ceder espacio a los demás, a base de escuchar y guiarse por el lema: «Hablar es plata y callar es oro».

Pero también hay actitudes evasivas que, a primera vista, no se reconocen. Personas que al hablar miran al techo porque tienen miedo al contacto visual con el público. Otras hablan como si el público estuviera muerto, y de esa forma evitan cualquier posible pregunta o crítica aguda. Hay algunas que temen ser aburridas y, para evitarlo, aparentan ser demasiado vivaces y graciosas. O aquellas que se preparan al 200% y la noche anterior se aprenden su discurso de memoria, hasta la perfección, por miedo a poder cometer errores o perder el hilo.

También estas estrategias son maniobras para evitar el miedo, y esta lista sólo constituye una pequeña selección de las numerosas posibilidades en las que se genera la angustia al dirigirse al público.

EVITAR LA PERCEPCIÓN INTERIOR DEL MIEDO

No sólo es posible eludir el miedo desde el exterior, también se puede hacer desde el interior, tratando de aplastar la sensación de angustia, intentando ignorarla por medio de la distracción, de la evasión, del aturdimiento, etc.

Veamos los siguientes ejemplos:

Tranquilizantes

Mediante pastillas calmantes, nicotina, alcohol o comida, se pueden mitigar las sensaciones de miedo. En los libros antiguos, las eficaces enseñanzas retóricas daban recomendaciones del tipo: «¡Bébete una copa de coñac antes de tener que intervenir en público!». Es sabido que el alcohol contribuye a soltar la lengua, pero, a largo plazo, produce dependencia, igual que ocurre con todos los tranquilizantes cuando se recurre a su consumo de una forma regular; a partir de entonces, ya no se sabe hacer nada sin recurrir a ellos.

Sólo en muy contadas ocasiones, alguien ha conseguido hablar y convencer a un público mientras se encontraba en una situación de aturdimiento como la que provocan estos medios.

**Si te aturdes a ti misma, también aturdirás
tu capacidad de convicción.**

Distracción

En lugar de pensar en la charla de mañana y permitirse tener miedo por ello, muchas se distraen a base de leer el periódico, ver la televisión, pensar en las próximas vacaciones, limpiar la casa, escribir cartas, etc. El libro de retórica que antes hemos mencionado también recomienda tal tipo de comportamientos evasivos para eliminar el miedo a ponerse delante del público: «Si dominas el tema, intenta distraerte pensando en otras cosas». Otra entrenadora de retórica recomienda concentrarse en las yemas de los dedos, en lugar de en los latidos del corazón, y para ello ofrece unos ejercicios para agitarlos y hacernos conscientes de su existencia. También en esta ocasión se trata de evitar las vivencias de temor. Estas estrategias no causan daño, pero su utilidad es muy dudosa.

Controlarse

En lugar de distraerse, algunas intentan discutir en su interior consigo mismas: «Esto es una tontería, déjate de comedias, no te lo hagas encima...».

Ordenarse a uno mismo que no tenga miedo, que apriete los dientes o que no se comporte de una forma, puede conducir a corto plazo a ocultar la sensación de miedo, pero a largo plazo sólo lleva a un conflicto adicional: junto al miedo interno se instala el enojo de no ordenarle al miedo que se marche. En los libros de retórica, el consejo «más bello» para eliminar el miedo a hablar ante los demás, lo encontramos bajo el lema «No volver a ponerse nervioso. Paso 10: ¡Mantener el dominio de uno mismo en cualquier situación!». Bien, entonces, empecemos...

Pensar en positivo es una buena estrategia para ir por el camino del éxito. Pero si en tu ruta de pensar con éxito surgen dudas y miedos, se puede llegar a una «fiesta de deslices internos». Por ejemplo, de la siguiente forma:

En lugar de discutir en su interior, algunas eligen estrategias contrarias a base de utilizar fórmulas de autoconfirmación positiva para interrumpir la vivencia de angustia: «Todo va a salir bien» o «Soy libre y hablo relajada y sin miedo».

Estas instrucciones acerca de una misma sirven para el momento en el que tú has pensado tener la sensación y el control sobre tu propio miedo. Lo menos importante es lo que te digas a ti misma; basta con el hecho de decirte algo y que creas en el efecto de esa fórmula. Por ejemplo, bastaría con decir «¡Ju, ju, ja, ja!» con la suficiente insistencia, y podríamos afirmar que ésa sería la fórmula correcta de eliminar el miedo.

> **Las estrategias con las que queremos engañar al miedo no funcionan a la larga.**

Esto, que surte su efecto y lleva a una disminución momentánea del miedo, es el hecho de que tú, en el momento en que murmuras la fórmula, impides que el temor vaya en aumento. Dejas de dudar, de imaginarte ideas catastróficas y de decirte a ti misma: «Nada debe fracasar». Por un corto espacio de tiempo, has sentido tener el control sobre tu miedo y dominarlo. Este efecto de alivio existe, pero no es duradero.

Aun cuando el uso de algunos de estos métodos sea de

dudoso resultado, su efecto real a corto plazo puede ser positivo, y ése es el motivo por el que son tan apreciados. De hecho, en un principio, uno desconfía de todas las estrategias que se rigen por el lema: «Fuera-el-miedo-escénico». La eliminación de la angustia sigue el mismo camino que el miedo. Los caminos que bordean y rodean al miedo no lo rozan, lo dejan tal y como está. Eliminar el temor significa enfrentarse a él, y a eso te alentamos en el siguiente capítulo.

Consejo para una mayor serenidad: enfrentarse al miedo

En este capítulo, te presentamos nuestro planteamiento para seguirle los pasos a tu miedo, para saludarlo con cordialidad y para eliminarlo poco a poco.

Tal y como se ha mostrado antes, el miedo a hablar en público se crea por el hecho de que tú misma te ordenas cómo debes comportarte, cómo debe ir la conferencia o el público o cómo no deben ocurrir las cosas. Pero se acabó el tiempo de darte órdenes. Conseguirás una enorme serenidad y calma internas cuando aprendas a aceptar y a valorar tus condiciones externas, tus propias sensaciones y tus capacidades. Con ello te hacemos un requerimiento y te animamos a fijar tus objetivos personales y a aspirar a ellos con toda la fuerza posible. En este planteamiento, se trata en un primer momento de informarte de dónde estás y qué es lo que en realidad quieres cambiar.

Comienza por poner tu miedo bajo la acción de una lupa:

- ¿Qué situaciones desencadenan tu temor a hablar ante un público?
- ¿Qué órdenes te formulas a ti misma en tales situaciones?
- ¿Cómo puedes eludir tus síntomas físicos de miedo?

Como final te vamos a presentar el «*focusing*».[3] Con este método, podrás dejar de someterte a presión a base de darte órdenes internas.

LO QUE DESENCADENA EL MIEDO A HABLAR EN PÚBLICO: LOS BASTIDORES DEL MIEDO

Lo primero que queremos hacer es invitarte a seguirle la pista a tus «desencadenantes externos del miedo». A menudo, y en especial las mujeres, la gente generaliza su inhibición a hablar a base de, por ejemplo, decir lo siguiente: «De hecho soy una mujer callada y discreta»; o bien, «Sencillamente, no puedo expresarme». Esta autoimagen negativa se asemeja a la idea de que «eso es algo que no se puede cambiar». Al mirarlo más de cerca, se observa que tu miedo a hablar depende de ciertas condiciones externas. Por ejemplo: si estás de charla con una amiga sentada en el sofá, eres una vivaz comunicadora; mientras que en una pelea conyugal, puedes ser contradictoria.

A menudo, cuando las participantes en nuestros talleres practican el ejercicio que exponemos a continuación, indican que, en determinadas situaciones y contra todo pronóstico, no sienten miedo. Una de ellas, en una práctica de for-

---

3. Centrar, enfocar, concentrarse en algo. En inglés, en el original. *(N. de la T.)*

mación de colaboradores, recibió el encargo de moderar de forma espontánea a uno de los grupos pequeños y presentar los resultados de todos los grupos en una pizarra.

> **Coloca tu miedo bajo una lupa.**

Si hubiera recibido por la mañana la tarea de ser la moderadora del grupo, habría tenido el tiempo suficiente para obsesionarse a causa del miedo. Otra de las participantes informó del caso de una fiesta de Navidad con los compañeros en la que, de repente, un par de colegas la obligaron a que le dijera al jefe un par de palabras de reconocimiento. Cuando trabajaba en las delegaciones, es decir, en los foros comerciales, ella era una maestra de la retórica con muchas horas de vuelo; pero en la fiesta y durante la charla perdió su superioridad y, por su «tartamudeo», habría querido meterse debajo de la alfombra. Decir algo personal era para ella un «puro horror».

¿Cómo son tus bastidores del miedo? En este ejercicio puedes descubrir algo.

Tómate algo de tiempo, ponte cómoda; si lo deseas, cierra los ojos y recuerda, una tras otra, dos situaciones en las que se debiera hablar en público:

1. Una situación en la que te encontraras bien, en la que incluso llegaras a disfrutar.
2. Una situación en la que tuvieras miedo o te encontraras tensa y nerviosa. Haz que las dos situaciones fluyan como si fueran una película interna y percibe todo lo que tienes asociado a ellas. Las siguientes preguntas te pueden sugerir algo:

- ¿Qué situaciones son las que has elegido? (¿Una charla en grupo? / ¿Un discurso? / ¿Una discusión? / ¿Una charla conflictiva? / ¿Una situación privada o profesional? / ¿Un examen?).
- ¿Qué imágenes internas emergen? (¿Personas participantes? / ¿Número de personas? / ¿Sexo? / ¿Posición? / ¿Mímica? / ¿Espacio?).
- ¿Qué puedes escuchar? (¿Ruido ambiental? / ¿Otras voces? / ¿Tu propia voz?).
- ¿Qué ambiente puedes percibir? (¿En la sala? / ¿En ti misma? / ¿En los demás?).
- ¿Cómo te sientes con respecto a las demás personas? (¿Con los mismos derechos? / ¿Insignificante? / ¿Rechazada?).
- ¿Qué es lo que quieres conseguir por medio de tu exposición? (¿Ser vista y escuchada? / ¿Convencer? / ¿Impresionar? / ¿Provocar algo? / ¿Imponerte a ti misma? / ¿Establecer contacto?).
- ¿En qué momento te sientes mejor y en cuál peor? (¿Antes de hablar? / ¿Durante la charla? / ¿Nada más acabar? / ¿En algún determinado momento?).
- ¿Cuáles de estas condiciones, en lo esencial, llevan consigo una reacción interna (por ejemplo, miedo o disfrute)?

Quizá te resulte posible, por medio de una observación exacta de las condiciones que se han expuesto, concretar cuáles de ellas te pueden llevar a que, en determinadas situaciones en las que se deba hablar en público, te sientas mal y, en cambio, en otras te encuentres relajada.

Qué factores provocan el miedo (es decir: cómo está preparada nuestra tramoya o nuestros bastidores para percibir este miedo) es algo que resulta muy distinto para cada persona.

Deja que nos adentremos un paso más en las condiciones que contribuyen a provocarte el miedo y en percibir lo que ocurre en nuestro interior cuando surgen esos momentos de estrés.

A continuación, queremos que adquieras confianza con un método, que hemos denominado de «pensar en voz alta», con el que tienes la posibilidad de hacerte consciente de tus propios pensamientos, de las propias opiniones o de nuestras valoraciones.

LOS COMENTARIOS INTERNOS: IDEAS QUE SOMETEN A PRESIÓN A LA ORADORA

Sin que lo percibamos de un modo consciente, dentro de nosotras mismas fluye, la mayoría de las veces, una burbujeante corriente de ideas, un comentario interno que, incluso en las situaciones diarias, acompaña a nuestra propia actividad cotidiana como un murmullo de fondo.

Mientras estoy con la escritura de estas líneas, me oigo dentro de mí: «El lápiz hace un surco raro, igual que mi cepillo de dientes. Hoy los aviones son muy ruidosos. ¿Se puede decir que lo que hace una corriente se llama fluir? ¡Oh, Dios mío, ya son las tres! ¿Por qué no soy capaz de poner más deprisa todas las palabras sobre el papel?...».

En parte, éstas son unas ideas banales, asociativas, nada importantes, pero en parte también son muy reveladoras y las instrucciones y frases centrales internas juegan un papel muy importante a la hora de la creación del miedo.

El siguiente ejercicio sirve para seguirle la pista a los procesos mentales y a las órdenes que se encierran en ellos:

Ejercicio. «Pensar en voz alta»

Trasládate de nuevo a una situación en la que se requiera hablar en público que te haya resultado desagradable; puedes escoger la misma que en el ejercicio anterior o una más actual que todavía tengas en tu memoria. Deja que la película discurra por delante de tus ojos y párala en el momento exacto en el que experimentaste con mayor nitidez el miedo y el malestar. Ahora, dirige tu atención a la cabeza: ¿qué frases internas aparecen allí? Escucha de nuevo tus comentarios internos que fluyen a la vez por tu cabeza y escribe las frases en una hoja de papel sin meditarlas, tal y como te vienen, aunque las encuentres insustanciales, embarazosas o absurdas.

Como ya se ha descrito en el segundo capítulo, a través de las características habladas puedes reconocer cuándo te haces un imperativo a ti misma. Junto a las formulaciones claras del tipo «debería», «tengo que», «no tengo», etc., existen otras características que indican un imperativo. Por medio de la siguiente enumeración, puedes analizar las formulaciones de tu protocolo del experimento anterior («Pensar en voz alta»):

Así reconoces tus órdenes:

- *Formulación con carácter absoluto*:
  «Obligatoriamente»; «absolutamente»; «de ninguna manera»; «totalmente»; etc.
  Por ejemplo:

«¡Hoy debo, *obligatoriamente*, mantener la boca cerrada!».
«¡En mi exposición no puede surgir *absolutamente* nada!».
«¡*De ninguna manera*: este molesto pesimista no tiene ni idea!».

- *Generalizaciones*:
  «Siempre»; «todo»; «ninguno»; «nunca»; etc.
  Por ejemplo:
  «El jefe *siempre* tiene que hablar interrumpiéndome».
  «*Nunca* se me pedirá que haga la presentación».
  «¡Me parece que, en realidad, *ninguno* me ha escuchado!».
  En estas dos categorías de indicadores lingüísticos, hay que tener en cuenta que no todas las expresiones que contienen una generalidad constituyen, de verdad, una orden. Por ejemplo: «Todos los estudiantes deben aprobar un examen para licenciarse». En este caso, sólo se define un hecho puntual.

- *Adjetivos con intenso valor negativo*:
  «Malo»; «espantoso»; «catastrófico»; «terrible»; etc.
  Por ejemplo:
  «¡Oh, sería *terrible* si mañana, durante la presentación, volviera a tener un ataque de tartamudeo!».
  «Qué *malo* es que los demás estén de cuchicheo entre sí».
  «Lo principal es que olvide de inmediato la *catastrófica* intervención de hoy».

- *Exclamaciones de tipo religioso*:
  «Por el amor de Dios»; «Dios mío»; «demonios»; «por todos los santos»; etc.
  Por ejemplo:
  «¿Oh, *Dios mío*, no podría hablar más despacio ese individuo?».

«*Por todos los santos*, ¿cómo se llama la autora de esta obra?».

- *Palabras groseras*:
  «Chorrada»; «condenado»; «idiota»; etc.
  Por ejemplo:
  «¡Si hubiera conseguido esa *chorrada*!».
  «¡Esa *condenada* palabra extranjera que no entiendo!».
  «¿Se cree ese *idiota* que él lo puede hacer mejor?».

- *Frases con «ojalá...», tras las que se esconden temores*:
  Por ejemplo:
  «*Ojalá* apruebe el examen con facilidad».
  «¡*Ojalá* no hagan tantas preguntas intermedias como pasó la última vez!».

- *Frases a las que se pueden enlazar, según su contexto o sentido, exclamaciones del tipo «¡... sería terrible!», o bien «¡... y eso no puede pasar!»*:
  Por ejemplo:
  «¡No debo ponerme colorada!... ¡*Sería terrible*!».
  «¡Es probable que ninguno se vuelva a interesar otra vez por mí!... ¡*Sería terrible*!».
  «Si los demás se dan cuenta de lo insegura que me siento... ¡*Sería terrible*!».
  Golpeas a tus órdenes internas de una manera muy directa cuando te preguntas: «¿Qué es lo peor en una situación en la que se ha de hablar en público como la presente?».

En el caso de la eliminación del miedo, se trata en un primer momento de descubrir o percibir dónde tú misma te generas determinadas órdenes o el momento en el que comienzan los pensamientos en forma circular. A continuación, averiguaremos lo que te ordenas a ti misma. En este punto queremos recordarte de nuevo el apartado «Una orden interna persigue a las otras».

Si has descubierto diversas órdenes internas, descubrirás que una orden no tiene por qué estar asociada a una «mala sensación» interna. Cuando en tu imaginación (o en la realidad) la orden puede dañar, se desata el miedo, que incluso puede llegar a ser pánico. Así, por ejemplo, si durante una conferencia te ordenas «¡No debo ponerme colorada!» y, a la vez, te acuerdas de que en las últimas cuatro charlas sí lo hiciste, entonces en tu conocimiento interno se desarrolla la posibilidad de que esta vez también te ocurra, por lo que surgen los primeros síntomas del temor. O bien, si te pones bajo presión («en todo caso debo dar sensación de superioridad»), existe la posibilidad de que no obtengas el efecto de superioridad. Es probable que no hubiera un motivo por el que debieras darte órdenes.

Además, también está claro que cada imperativo formulado con contenido positivo («¡Debo ser superior!»; «¡Debo ser perfecta!»; «¡Debo llamar la atención!»; «¡Los demás deben escucharme!») incluye al mismo tiempo una negativa. Ya que si tengo que ser superior, al mismo tiempo puede ocurrir que no lo sea. ¡Tampoco puede ser que no sea perfecta y que eso no llame la atención, o que los demás no me escuchen! Así queda claro que, tras una orden formulada de modo positivo, se esconde una actitud de evasión o una estrategia de intentar evitar el conflicto: en cualquier caso, se trata de evitar lo peor.

Primero te vamos a introducir en el método del *focusing*. Los distintos ejercicios te van a permitir que conozcas las formas especiales y las condiciones previas que permiten aprender la percepción interna del *focusing*. Finalmente, encontrarás pruebas, ejercicios e indicaciones, construidos unos a partir de los otros, que favorecerán la consiguiente exploración de tu angustia y la correspondiente solución de la misma.

FOCUSING: SEGUIR LA VOZ DEL CUERPO

Focusing es un método para encontrarse con una misma, con una cariñosa aceptación. Muestra un camino para decirle «¡Hola!» a tus propios pensamientos, tales como el miedo, la tristeza, la ira y la alegría, para darles la bienvenida y hacerlos emerger. Muchas de nuestras participantes en los seminarios se enriquecen mucho al mirar a sus sentimientos propios, para aceptarlos o refrenar la sensación de huida. Muchas veces, lo sienten como un redescubrimiento y un nuevo aprendizaje de una relación con ellas mismas que tenían perdida. El *focusing* describe cómo tener la capacidad de establecer contacto con nosotras mismas, cómo poder aprenderla y cultivarla. No se trata «sólo» de tener sensaciones, sino que la verdadera meta es entenderlas mejor. Si empleamos el *focusing* como método para la eliminación del miedo a hablar en público, significará que hay que aceptar las sensaciones de miedo y que debemos examinarlas para poder entenderlas mejor. Esto facilita que podamos apartar las órdenes que nos asignamos a nosotras mismas y que, en ocasiones, también aceptemos nuestras circunstancias vitales tal y como son. A menudo, basta con mirar a través de unas gafas que no nos hemos prescrito a nosotras mismas. Cuando nos las colocamos, estamos capacitadas para obrar con mayor libertad y con más decisión.

El filósofo y psicoterapeuta Eugene Gendlin es el iniciador del *focusing*. A comienzos de los años sesenta del pasado siglo, llevó a cabo, en la Universidad de Chicago, unos estudios sobre la efectividad de los planteamientos de diversas terapias. Las conclusiones científicas eran que una terapia de éxito no sólo estaba garantizada por el empleo de un planteamiento adecuado (ni por las capacidades de cada uno de los terapeutas por separado), sino que también jugaba un papel igual de importante la capacidad del cliente de tomar contacto con sus propios sentimientos, con sus imágenes internas y sus sensaciones. A partir de estas investigaciones, surgió el *focusing* como sistema para poder aprender la competencia de ponerse en contacto con las experiencias propias.

Focusing te ayuda a entender mejor tus sentimientos, a explicar tus problemas y a tomar decisiones. Seguro que conoces la sensación de hablar miles de veces en un círculo familiar o de amigos sobre un cierto problema y de haberlo repetido hasta la saciedad. Eso, en realidad, sólo te ha aliviado o tranquilizado en ese mismo instante de la charla. La mayoría de las veces, cuenta más el hecho de tener cerca a una persona o a una amiga que de verdad esté dispuesta a escucharte. ¡Y esto es muy valioso!

En realidad, tu problema, tus sensaciones o tu indecisión no han cambiado en nada. A menudo, tus pensamientos son un camino muy trillado. Es probable que tus conocimientos no hayan superado lo que, de todas formas, ya sabías. Si ahora pruebas *focusing*, puedes tener la experiencia de no seguir andando en círculos en tu interior o de estar siempre en un callejón sin salida. Con *focusing* encontrarás un nuevo enfoque a tus problemas y, a menudo, soluciones rápidas. Debes seguir la sabiduría de tu cuerpo.

Por eso, el objetivo central del *focusing* no es, como suele ser lo habitual, reflexionar sobre el problema desde todos los ángulos y «masticarlo», sino olvidarse de él por un momento y tomarse tiempo para prestar atención al interior de nuestro cuerpo. Cuando te permitas esta serenidad, el problema o asunto sobre el que dirijas tu atención de forma especial se convertirá, al principio, en una sensación que tal vez casi no se pueda expresar con palabras. A menudo, en un primer momento, será percibida como una idea difusa o una atmósfera imprecisa (por ejemplo, tensa, opresiva, vibrante, desagradable o algo similar), tanto en la zona del abdomen como en la del pecho. Esta sensación o cualidad, que a menudo es perceptible de forma poco clara y que de un modo palpable es visible en tu interior, está en relación con tu problema. Ha sido descrita por Gendlin con el nombre de «*felt-sense*» (*sensación sentida*).

A esta vaga sensación, a este «*felt-sense*», puedes ahora dirigirle tus preguntas, como por ejemplo: «¿Cómo se percibe este "temblor"?», «¿Dónde siento con más intensidad esta "opresión"?», «¿Qué es lo que resulta tan desagradable en este asunto?», etc. Con un poco de paciencia, a partir de esta primera «resonancia» de tu problema o tema, se generan palabras, imágenes o recuerdos. Se necesita tiempo, quizá unos minutos, hasta que puedas ponerles nombre a estas sensaciones, sin tener que recurrir a ideas fijas y ya conocidas (que tienes «en tu cabeza») y meterte de nuevo en un callejón sin salida.

Así se desarrollan, con frecuencia, aspectos no conocidos y cualidades de nuestro problema; o bien vivimos de forma consciente sentimientos que nosotros tomábamos como habituales. Gendlin dijo una vez: «*Focusing* es una pequeña puerta». A través de esa puerta, nos adentramos en un campo de sensaciones internas, de experiencias que, a menudo, son nuevas y se nos abren conocimientos sobre nosotras mismas.

Antes de continuar con más explicaciones sobre el método, en este momento queremos ofrecerte la posibilidad de probar el *focusing* de un modo práctico. Para ello, en el próximo ejercicio hemos elegido un tema que no está relacionado con tu temor a hablar ante el público. Se trata de que sólo tengas una experiencia con tu «*felt-sense*». Podrás experimentar lo que es cavilar mucho sobre un asunto, o bien practicar el *focusing*.

Para ésta, así como para las siguientes indicaciones, te vamos a proponer leer primero todo el texto de una vez. Luego podrás proceder por partes. Otra buena posibilidad es grabar las instrucciones en una casete, por lo que resulta muy importante hablar despacio y hacer pausas. Otra propuesta es hacer el ejercicio con una amiga que, a tu propio ritmo, te lea las instrucciones. Prueba lo que es mejor para ti, para conocer el *focusing* y poder así suprimir tu miedo.

Ejercicio. «El cumpleaños»

- Tómate para este ejercicio unos 15 minutos de tiempo.
- Comienza por colocarte lo más cómoda posible, quizá en tu sillón favorito, tranquilízate a base de cerrar los ojos y, durante un momento, no hagas nada más que concentrarte en tu respiración. Permite que los pensamientos que con toda probabilidad te rondan ahora por la cabeza se alejen como si fueran pequeñas nubes en el cielo y percibe tu respiración.
- ¿Cómo notas tu respiración? Quizá puedes sentir cómo entra el aire por tu nariz y cómo hace subir y bajar la pared de tu estómago. Observa cómo tú, sin hacer nada, inspiras y espiras, sin poder influir en estas acciones. Reposa tranquila durante un rato y sigue tu corriente de respiración y el ritmo de la misma.
  Cuando te sientas tranquila y relajada en tu interior, haz dos respiraciones profundas y sigue las instrucciones de nuestro ejercicio de *focusing*.
- Intenta tomar contacto una vez con la siguiente situación: imagínate que hoy es tu cumpleaños. Haz que emerjan imágenes, situaciones, sonidos, sensaciones y percepciones corporales que, para ti, se enlacen con la idea del «cumpleaños». Percibe lo que ocurre dentro de ti. Tómate tiempo para dirigir tu atención hacia dentro, para escuchar tu zona abdominal y pectoral, para mirar y para observar. Espera a que dentro de ti se cree una sensación, que al principio puede resultarte vaga, que describa el hecho del «cumpleaños» como un todo. Pregúntate a ti misma:
  «En realidad, ¿qué supone para mí que sea mi cumpleaños? ¿Cómo percibo este especial estado de ánimo?»
- Tómate tu tiempo para notar esta sensación interna.
- Si esperas con paciencia y no te obligas a nada especial, a partir de las sensaciones vagas se pueden generar imágenes o palabras que se puedan describir.
- Puedes notar de forma física cómo encaja lo que has encontrado como si todo tu cuerpo, no sólo tu cabeza, dijera «sí»: «Sí, eso significa para mí el cumpleaños».
- Puede ser que encuentres algo que no te esperabas en cuanto a tu cumpleaños, algo que puede sorprender o turbar. Intenta aceptarlo y saludar a este concepto nuevo o, quizá, viejo conocido ya, experimentado con un «Así son las cosas».
- Para finalizar con este pequeño experimento, dirige tu atención de nuevo a tu respiración y acompáñala durante un tiempo mientras resulte grato para ti.
- Percibe de nuevo tu cuerpo, la forma en la que estás sentada o tumbada.
- Tómate el tiempo que necesites hasta que puedas volver a abrir los ojos y, poco a poco, vayas desde la percepción interna a la externa.

Tras este experimento, en el que se te ha hecho patente la cualidad de este proceso de *focusing* para analizar un asunto, ahora queremos dar otro paso más.

En el *focusing* es posible vivir de forma consciente las sensaciones. A la vez, tú decides cuándo quieres dirigir tu atención interna a un tema y, entonces, «ajustar la nitidez».

Ahora te queremos mostrar cómo practicar el *focusing* dirigido a eliminar una orden que te bloquea o te causa estrés. «¿Cómo puedo dejar de darme órdenes internas?». La respuesta es: «Cuando acabe de eliminar o evitar la percepción de sensaciones desagradables, o me ponga del lado de mi persona que deseo eludir o retirar».

Puedes hacer esto si, en un *focusing*, percibes en tu interior todas las sensaciones, imágenes y sentimientos que van asociados a la posibilidad de ofensa de tus órdenes.

Este caso especial de percepción se puede aprender. Pero antes de que entremos en ello con mayor profundidad y que describamos las condiciones y planteamientos previos, queremos exponer de nuevo un resumen de lo que es el *proceso focusing*.

Orden interna	Focusing
«¡No debo ponerme colorada!»	Percibir en el interior los sentimientos, imágenes, ideas, etc., que tengan relación con el hecho de ponerse colorada.
«¡Debo ser perfecta!»	Mirar con tus ojos internos la posibilidad de «no ser perfecta», sentir en tu interior cómo sería el hecho de no ser perfecta.
«¡Debo ser querida!»	Percibir las sensaciones, imágenes, sentimientos, etc., que van asociados a la idea de no ser querida.

Un caso como ejemplo: lo que causa miedo a Clara cuando tiene que hablar en público

Clara, una estudiante, tenía miedo de tener que hablar durante mucho tiempo ante un grupo de personas que no conocía. En los últimos meses, había evitado en numerosas ocasiones colocarse en esa situación. A la vez, se daba cuenta de que lo que en un principio era una sensación desagradable ahora ya se convertía en verdadero pánico. Sólo la idea de hablar delante de un grupo desencadenaba en ella un fuerte ritmo cardíaco. Clara quería salir de este círculo vicioso y, por eso, decidió observar con precisión a su miedo. Se sentó en un sofá, se relajó y se tomó media hora de tiempo para hacer *focusing*. Cerró los ojos y dejó que, en su interior, desfilara la sensación de hablar en público que había experimentado en las últimas semanas.

Expuso de forma clara la situación ante sí: la vida diaria de la universidad; la sala del departamento llena de gente; en la habitación se cortaba el aire, pues se celebraba una ponencia. En ella iba aumentado el malhumor, no estaba de acuerdo con lo que decía la ponente, tenía argumentos en contra y quería comenzar con la discusión. Quería hablar, exponer su objeción y hacer preguntas. Mientras los demás discutían, ella cogió aire dos veces e hizo un intento, pero su cuello tenía una especie de nudo, luego lo dejó por imposible. Entonces, otra estudiante dijo exactamente lo que ella hubiera querido haber expresado. Esta aportación se consideró de interés, fue apoyada por muchos y dio a la discusión un cambio constructivo. Clara se quedó sentada en su silla y su miedo se transformó en enfado, pues una vez más no había tenido coraje suficiente para abrir la boca.

Clara quería acercarse al motivo por el que temía expresarse y, en su imaginación, volvió al instante de mayor miedo: cuando cogió aire y en su garganta se hizo un nudo.

> **Sus ideas chispeantes yacían inmovilizadas bajo su miedo.**

Paró en ese punto la película de sus recuerdos internos y se detuvo en la percepción de esa sensación desagradable. Fue como si en su garganta hubiera una gran bola. Se imaginó en su estómago todas las ideas coloridas, chispeantes y frescas burbujeando como el champán, y en su garganta había una pelota que no dejaba pasar nada. En el siguiente proceso de *focusing*, ella examinó con detenimiento el tapón, lo notó y lo escuchó. Está bien asentado en su garganta como si quisiera decir: «¡De aquí no sale nada!». Cuando Clara fue consciente de eso, la presión disminuyó un poco en su garganta. Sentía curiosidad y quería saber algo más sobre su miedo. Se preguntó en su interior: «¿Qué sería lo peor a la hora de expresar algo?», y se imaginó que ella misma había dado su opinión y que había expresado su crítica. Esta idea iba acompañada de una sensación desagradable, que se transformó en una imagen: vio cómo los demás estudiantes se reían de ella y la señalaban, mientras ella misma parecía como si se encogiera. Se sintió como un globo desinflado, al que se le había salido el aire, y se fue sintiendo cada vez más y más pequeña. Fue entonces cuando emergió un nuevo recuerdo que casi había olvidado: se vio a sí misma cuando era una niña pequeña, delante de la clase, y todos sus compañeros se reían porque, al tratar de narrar una historia, de repente no había sabido por dónde seguir. Clara percibió la antigua sensación de una forma muy clara. Reconoció en ese sentimiento el núcleo de su miedo, del que había intentado desviarse.

Curar a nuestro niño interior.

Clara saludó a la parte sensible de su mente de una manera amistosa y se sentó, en su imaginación, junto a ella. Cuando le preguntó a la asustada niñita lo que podía necesitar, se dio cuenta de su respuesta interior: «Que estés detrás de mí, necesito protección». Ella imaginó que lo hacía, la cogió en brazos y ordenó a los niños que se estaban riendo: «¡Dejad de reíros, quedaos quietos, esto es algo que le puede pasar a cualquiera!». Permaneció con esa vivencia dos minutos, cinco minutos, y luego percibió cómo lo desagradable iba en disminución poco a poco. Clara decidió, por ahora, terminar el proceso en este punto y llevar de nuevo su atención a un momento posterior al de esta vieja herida. Respiró con profundidad un par de veces, abrió los ojos, se tranquilizó un poco y permitió que lo vivido se reafirmara en su interior.

Esta presentación te debe dar la impresión de cómo puede transcurrir la evolución de un proceso de percepción interna. A continuación, queremos hacer aún más comprensible el método a base de algunas informaciones adicionales. Primero, en un resumen, vamos a presentarte las diversas fases de un proceso de *focusing* para la eliminación de órdenes internas, como si estuviéramos comentando un partido de fútbol.

Fuera la camisa de fuerza: El focusing *de la serenidad*

Paso I: *Mirar el decorado*
En esta fase se trata de desarrollar una idea lo más viva posible de la situación problemática y, de una forma plástica, presentarla ante nuestros ojos internos. ¿Cuáles son, en realidad, las situaciones en que me encuentro con el miedo? ¿Qué es lo que me resulta complicado?
En el ejemplo: para Clara, era el hecho de hablar ante un gran grupo sin haberse preparado la charla; y así se colocó en una situación del día a día en la universidad.

Paso II: *Descubrir la orden*
Ahora, ponte a la búsqueda de la o las órdenes internas que se activaban en semejantes ocasiones. ¿Con qué me coloco bajo presión? ¿Qué es lo que, bajo ninguna circunstancia, puede ocurrir?
En el ejemplo: Clara descubre que la orden «¡No debo dejar que se me escape nada!» está metida en su garganta como un tapón.

Paso III: *Actuar contra la orden*
En esta fase, te presentamos cómo se va a actuar contra la orden que hemos localizado antes; es decir, sucede lo que no debería suceder.

En el ejemplo: Clara se imagina que emite con toda libertad su opinión y crítica; es decir, «ha dejado que algo se le escapara».

Paso IV: *Percibir el «sentimiento malo»*

Pregúntate a ti misma qué sería lo peor que pudiera ocurrir. Con la pregunta sobre lo malo y desagradable de la situación, en esta fase tomas contacto con los sentimientos, las imágenes y las sensaciones que se apartan a causa de las órdenes internas.

En el ejemplo: al preguntarle por lo peor que le pudiera pasar, Clara tuvo la idea repentina de que los estudiantes del seminario se iban a reír de ella.

Paso V: *Desplegar y pararse*

Se descubren las imágenes, sensaciones corporales y los sentimientos que van unidos a lo malo. Los miras, los escuchas y los percibes. Puede ocurrir que evolucionen y se modifiquen.

En el ejemplo: Clara se encoge a medida que imagina que los demás se van a reír de ella. Tiene la idea de que es un globo al que se le va el aire. De repente, se acuerda de su traumática experiencia de la época escolar, cuando sus compañeros se rieron de ella.

Paso VI: *Curar las heridas*

En esta fase notarás, oirás y te meterás de forma amistosa en el núcleo de lo malo. ¿Qué es para mí el centro de la situación? ¿Cuál es el núcleo de lo malo? ¿Qué necesitaría esta parte herida, miedosa o desamparada que está dentro de mí? ¿Qué puede aportar algo de luz, de fuerza o de ayuda? Escucha las respuestas que vienen de tu interior y percibe lo que se modifica. Permite que, a partir de esta experiencia, surjan imágenes o palabras y detente en ellas.

En el ejemplo: Clara siente una vez más la sensación desagradable de aquel entonces y reconoce, en ese sentimiento de estar sola y en ridículo, el núcleo de su miedo. Toma contacto con esa chica interior que está herida y escucha lo que necesita.

Los pasos descritos no se pueden diferenciar de forma tan nítida durante un proceso vivo de *focusing*. A menudo, el proceso se interrumpe, puesto que ya no es posible quedarnos en nuestro interior con la percepción de lo desagradable y lo problemático. Si te ocurre algo así durante un proceso de *focusing*, puedes decidir dejarlo o retroceder un paso y empezar de nuevo desde ahí, donde todavía tenías en tu interior un buen contacto con tu tema.

La pregunta central en el *focusing* es: «¿Qué es lo peor en ese asunto, en esa sensación?». Intenta no construir la respuesta en tu cabeza, sino percibir el núcleo de lo malo de una forma interior. Esta pregunta ayuda a terminar con el proceso de darse órdenes a una misma. Si, por ejemplo, tu orden fuera «¡No debo fracasar!», la pregunta rezaría: «¿Qué sería lo peor para mí si fracasara?». Internamente, dejarías por un momento de darte órdenes para percibir cómo sería el hecho de fracasar.

Deja que se diluya tu estrés.

Deberías con ello dirigir tu atención a las imágenes, sensaciones y situaciones asociadas, y podrías comenzar a aflojar la presión y las críticas internas.

Para permitir que se produzca este proceso de percepción

global, será muy útil para ti el tener en cuenta las condiciones previas que se muestran a continuación, que pueden entenderse tanto como ayudas exteriores e interiores.

EL CLIMA INTERIOR DE PROTECCIÓN Y CÓMO PUEDES GENERARLO

Si te decides a hacer *focusing*, por ejemplo con ayuda de las instrucciones de la página 92 y siguientes, es muy útil que tengas en cuenta las siguientes condiciones previas, que son de gran importancia para el proceso de percepción interior:

- Generar una libertad de movimientos.
- Cuidado interior.
- Curiosidad abierta.
- Distancia adecuada.

Se necesita una habitación en la que no te molesten, tiempo suficiente y buenas condiciones para poder dirigirte hacia dentro de ti misma. A continuación, podrás descubrir la forma en la que se pueden generar tales condiciones y cómo encontrar las causas posibles si el *focusing* no funciona.

1. Antes de empezar: generar una libertad de movimientos

Crear una libertad de movimientos significa generar buenas condiciones, tanto externas como internas, para dirigir la atención hacia nuestro interior y poder ponerse a trabajar con el miedo a hablar en público.

Puedes hacer *focusing* en cualquier parte donde puedas estar un rato sin ser molestada y en la que te encuentres cómoda. Debes tener en cuenta lo siguiente:

- ¿Puedes ocuparte de que no te molesten? (por ejemplo: cierra la puerta, baja el timbre del teléfono, pon un cartel de «No molestar», etc.)
- ¿Existen ruidos o sonidos que te molestan de un modo particular? ¿Puedes eliminarlos para mejorar la situación? (si no es así, a veces sirve de ayuda escuchar un poco esos sonidos, oírlos como una sinfonía y luego, en tu imaginación, girar el mando del volumen, como si fuera una radio y, por ejemplo, limitarte a escuchar dentro de tu cuerpo los latidos de tu corazón o la respiración).
- ¿La temperatura es agradable? Si no es así, ¿puedes regularla?, ¿necesitarás una manta?, ¿prefieres estar sentada o tumbada?, ¿puedes ponerte todavía más cómoda?

Para comenzar el *focusing*, es muy adecuado alejar lo que molesta. Debes dedicar durante un buen rato la atención a lo que no se pueda cambiar, tal y como antes se ha comentado, como son los sonidos desagradables. A pesar de todos estos esfuerzos, siempre es posible que durante el proceso de *focusing* surja algo que te distraiga: sientes frío o, por ejemplo, tu postura corporal te resulta incómoda. Ocúpate de ponerte de tal forma que vuelvas a sentirte cómoda y, de ese modo, poder regresar a tu asunto.

Ordenar el interior te hace sentir bien.

Cuando se ha conseguido de la mejor manera posible una libertad de acción exterior, puedes ponerte a conseguir una *libertad de acción interior*, siempre que sea necesaria. También puedes crear internamente unas buenas condiciones, casi un buen clima, para poder hacer *focusing*. En tu imaginación, una de estas condiciones equivale a que ordenes un viejo trastero donde has guardado ciertas cosas y a que lo que allí tienes, o bien lo dejas en las estanterías o bien definitivamente tiras a la basura lo que no te sirve.

También puedes crear una «libertad de acción interior» a base de preguntarte a ti misma:

- ¿Tengo tensiones o dolores físicos que puedan influir en mi atención?
- Si no puedes eliminar estos posibles dolores o tensiones corporales por medio de ayudas externas, por ejemplo por la postura, préstale atención a esas sensaciones, a base de inspirar de forma consciente justo en el lugar de la tensión y, si es posible, coloca allí la mano, como forma de ayuda a la liberación de la molestia.
- ¿Existe algún pensamiento circular del que, por el momento, no me puedo liberar? Justo al comienzo de un proceso, puede ser complicado tomar contacto con el tema. Quizá pasan ya por tu cabeza asuntos que acabas de solucionar, o algunos otros que tienes por terminar. Toma conciencia de estos pensamientos, pero de forma muy ligera, y comienza a reflexionar sobre ellos. Permítete, en tu interior, pasar por delante de ellos. Algunas veces, la imaginación puede ayudar: piensa que estás sobre un puentecillo bajo el que fluye un río. Sobre el río flotan unas hojas. Permite que tus pensamientos, como si fueran las hojas, pasen por delante de ti, o coloca tus ideas sobre las nubes que pasan por el cielo.

Coloca a un lado, de momento, tu paquete de problemas.

- Puede ser más complicado con ideas o sensaciones problemáticas que, junto a tu miedo a hablar en público, sean importantes para ti y que se hacen conscientes cuando te tranquilizas de la forma arriba descrita. Existen dos posibilidades: puedes decidir comenzar primero con estos temas, o bien puedes intentar distanciarte interiormente de ellos, dejándolos a un lado por el momento. Esto lo puedes hacer en tu imaginación, por ejemplo, con la siguiente imagen: empaqueta todos los problemas, sensaciones o sentimientos que emerjan, pero que no tengan una relación directa con el miedo a hablar en público, por separado y en paquetes, bolsas, cajas fuertes o cosas parecidas. Luego, estos «paquetes» los puedes anudar bien y, en tu imaginación, colocarlos en la estantería situada más atrás del sótano, o justo detrás de la puerta para, de esa forma, mantenerlos alejados por un instante. Guarda estos «problemas empaquetados», pues sabes que no se van a escapar y que te podrás ocupar de ellos en un momento posterior.

Cuando resulte difícil colocar a un lado, de forma imaginaria, esos temas que van emergiendo, sirve de ayuda el poder anotarlos: la llamada telefónica que hemos de hacer, una conversación con la vecina, la lista de la compra... Entonces, todo queda reflejado en el papel, nada se perderá y habrás conseguido espacio interno disponible.

Incluso si, durante un proceso de *focusing*, tus pensamientos divagan o te viene algo «en medio» que no tiene una relación directa con tu asunto actual, practica lo que se ha comentado antes y regresa luego al tema de tu *focusing*.

2. *Cuidado interior*

Cuando sea correcta tu libertad de movimientos, tanto interior como exterior, puedes dirigirte a tus vivencias interiores. En *focusing* vas a tratar tu problema de un modo distinto a lo habitual: no lo meditas, no vas a buscar las causas ni a explicar sus contextos, sino que te vas a colocar delante de él y vas a percibir lo que sientes dentro de ti. Esto precisa tiempo, ya que tu cuerpo no emite las respuestas con la misma velocidad con que salen de la cabeza. Espera, hazte la pregunta: «¿Cómo es el problema para mí?», y estate muy atenta en tu interior.

Estar atenta en tu interior significa dirigir la atención, a través de los sentidos, dentro de ti, a tu espacio interior de vivencias: mirar hacia dentro, sentir hacia dentro, escuchar, notar, gustar, etc. Esta forma de aproximarse al problema puede resultarte al principio muy extraña, ya que quizá no estés acostumbrada a percibir tu cuerpo como algo que reacciona ante los acontecimientos externos con imágenes, sensaciones y sentimientos. En relación con esto, te propondremos un ejercicio que favorecerá esta experiencia.

Aprende a escuchar tus voces internas.

Dirigir la atención hacia el interior para percibir de forma consciente tus vivencias internas es, en el fondo, una actividad sencilla que no necesita ser aprendida, sino que puede ser redescubierta. En nuestra infancia, esta capacidad, por ejemplo para jugar o pintar en un «mundo interior», estaba muy viva. Ya en la edad adulta, olvidamos en gran parte la forma de poder intentar controlar nuestras sensaciones frente a los demás o frente a nosotras mismas. Estar atenta en tu interior significa percibir lo que ocurre.

Olvida los «¡Estate atenta!» o la atención exagerada, miedosa y tensa. Olvídate de búsquedas atormentadas o de valoraciones internas. Sé amable y amistosa contigo misma. Percibe lo que ocurre. Si, en apariencia, no es nada, siente con cariño esta nada interior. Si es mucho, salúdalo y di: «Ya veo que dentro de mí hay mucho guardado».

Sé una buena amiga de ti misma.

---

3. Curiosidad abierta

El proceso *focusing* toma su propio camino, que no es predecible ni definible. Los procesos con resultados fijados o dirigidos a un fin y las obligaciones inquisitoriales no se crean en uno de estos procesos de percepción. *Focusing* pone como condición previa ir por un camino desconocido, sin que ese camino haya sido definido antes por la cabeza. *Focusing* es un permitir que algo suceda, y esto exige paciencia, curiosidad y confianza. Quizá te percates de que durante el proceso de *focusing* te llegan ideas como, por ejemplo:

«¡Menudas imágenes más aburridas!», o bien
«¡No siento nada!, me coloco delante de la situación y no pasa nada», o «Esto debería sentirlo como malo, y sólo noto una ligera tirantez en el estómago»...

Ahora has abandonado la postura de «curiosidad abierta» y has empezado a valorar el colocarte bajo presión y darte nuevas órdenes. Estas ideas molestan al proceso de percepción, ya que pretenden modificar lo que ocurre.

En estos momentos, es de gran ayuda hacerse consciente de las ideas, escucharlas un momento y dictaminar: «Bien, ahora estoy siendo impaciente», y abrirte de nuevo a lo que es. Si sabes por ti misma que te colocas bajo presión por querer generar algo especial, también puede servirte de alivio comenzar el proceso de *focusing* con el siguiente enfoque: «¡Ahora no debo hacer nada! Lo experimento como lo siento, sin deber hacer nada; sin tener que llegar a ninguna parte; sin tener que encontrarme ni realizar ninguna cosa. ¡Ahora no debo hacer nada! Siento cómo, sin hacer nada, se extiende por mí una sensación agradable y me doy cuenta de que, al mismo tiempo, estoy abierta y con curiosidad a lo que se me pueda mostrar».

Para probar las dos posturas, «cuidado interior» y «curiosidad abierta», te invitamos a hacer el próximo ejercicio, que trata de aprender a conocer y percibir tu cuerpo como un lugar de vivencias. Este ejercicio es también muy apropiado como ayuda para la relajación y siempre crea nuevas sensaciones e imágenes.

Te proponemos grabar las instrucciones del ejercicio en una casete. En la grabación, haz suficientes pausas de modo que, cuando pongas en práctica el proceso, dispongas del tiempo necesario. Las preguntas en las instrucciones están pensadas y sirven más como ayuda para el desarrollo de tus vivencias internas y tu percepción, que como requerimiento para que sean respondidas con precisión.

Ejercicio. «Percibir los espacios corporales»

- Recuéstate de nuevo en tu interior. Tómate unos 30 minutos de tiempo para llevar a cabo este experimento. Ponte cómoda, sentada o tumbada, y observa si has encontrado una buena postura corporal. Luego, durante 1 ó 2 minutos, percibe tu respiración.

- Averigua ahora, por una vez, si notas la respiración también en tu zona abdominal. Como ayuda, puedes colocar las manos sobre el estómago y, en tu imaginación, inspirar desde las manos. Tus paredes abdominales se elevan y descienden de forma apreciable.

  Ahora, en cada espiración, dirige un poco más tu atención hacia la zona abdominal. Quizá aquí te pueda ayudar la imagen de descender por una escalera, peldaño a peldaño.

- Percibe tu zona abdominal como un espacio. ¿Cómo se siente? ¿Qué aspecto tiene? Dentro de la zona abdominal, ¿existe un lugar que te resulte agradable o desagradable en especial? ¿Cómo es en general? ¿Se generan imágenes, sensaciones o quizá colores?

  Déjate llevar por tu percepción y tómate algo de tiempo para ello.

- Despídete de tu zona abdominal, vuelve a prestar atención a tu respiración y a la zona pectoral. Coloca tus manos sobre el pecho y percibe cómo las manos se elevan ligeramente y luego descienden. Dirige tu atención ahora a esa parte del cuerpo. ¿Cómo es? ¿Cómo se siente? ¿Qué aspecto tiene? Sé curiosa a la hora de descubrir esta zona. Tómate el tiempo necesario para poder descubrirla.

- Ahora dirige tu atención a la garganta e intenta sentirla, desde dentro, como una zona. ¿Notas cómo fluye por ella la corriente de aire? Quizá en tu imaginación puedas respirar por la garganta. Aquí también debes mirar alrededor, sentir cómo se palpa y escuchar lo que se puede oír allí. ¿Qué ocurre en tu garganta? ¿Hay sensaciones, colores, sonidos?

- Concluye el ejercicio haciéndote consciente de tu respiración y notando por un instante tu cuerpo como si fuera un todo. Percibe cómo estás sentada o tumbada. Ahora puedes, de nuevo, dirigir de forma pausada tu atención hacia fuera. Tómate el tiempo necesario para ello. Comienza por escuchar los sonidos, sé consciente del aroma de la habitación, y luego abre con lentitud los ojos para poder mirar de nuevo a tu alrededor y orientarte.

Quizá te sea posible descubrir en la práctica de este ejercicio las dos posturas básicas: «cuidado interior» y «curiosidad abierta». Es posible que puedas percibir tu cuerpo como un lugar y descubrir allí sentimientos, imágenes, sonidos o sensaciones físicas, en cuya percepción no te habías detenido antes.

La tercera postura básica que ahora vamos a describir, es posible que ya se haya mostrado de forma automática en el ejercicio. En muchas ocasiones, tiene un mayor significado cuando, en el proceso de *focusing*, te dedicas a temas que son problemáticos.

4. *Distancia adecuada*

Aquí se trata de elegir una adecuada distancia interior entre tu persona y el problema. En el *focusing* no se aspira ni a enfrascarse en el problema, ni a introducirse en las propias sensaciones, ni a filosofar de un modo abstracto y teórico, sin una participación interior intuitiva en cuanto a las sensaciones.

En este punto, queremos proponerte otro sencillo experimento, que trata directamente sobre el principio de esta postura.

Ejercicio. «Distancia adecuada»

Mírate una vez las palmas de tus manos. Fíjate en las líneas y arrugas que hacen que tus manos tengan una estructura propia.

De forma automática, elegirás la distancia adecuada para poder verlas con nitidez. No vas a colocar la mano justo delante de tus ojos, ni tampoco las vas a mirar con el brazo estirado del todo (excepto si eres hipermétrope). Existe una distancia entre tus manos y tus ojos que es la adecuada de verdad.

Exactamente igual que en este experimento, en *focusing* existe una distancia entre ti misma, como persona a percibir, y tu vida interna. Para percibir y crear una relación hacia las sensaciones y sentimientos, sin hacerlo de forma intencionada, es necesario mantener la distancia adecuada, que encontrarás si no te identificas con tu problema, y sólo si eres observadora y lo sientes en tu interior.

¿Qué puedes hacer si has perdido la distancia adecuada, cuando durante el proceso de *focusing* tus sensaciones se han vuelto desagradables y amenazan con ser demasiado pesadas o apasionadas?

Lo primero: puedes finalizar el proceso. En todo momento, tienes la posibilidad de preferir abrir los ojos y terminar con todo. No te encuentras en un proceso de hipnosis o de trance, sino en un estado relajado en el que en todo momento eres una mujer y puedes actuar con autodeterminación.

Depende del punto de vista: pide consejos y ayuda.

En segundo lugar: puedes quedarte en tu percepción y ayudarte de diversas ideas que restablecerán la distancia adecuada entre tu persona y tus vivencias. Para ello, un ejemplo sacado de la consulta:

Una participante en un proceso de *focusing* tuvo la sensación de que era aplastada por una bola que cada vez aumentaba más sobre su pecho. Ella creó de nuevo una distancia, a la vez que se imaginaba que respiraba debajo de la bola. Así, se pudo quedar en la percepción de la bola y seguir su exploración.

Otra persona tenía miedo de encontrarse con su miedo, que

se le aparecía como un enorme monstruo. En su mente, sentó al monstruo en un bote y lo dejó que se alejara sobre el mar, mientras ella, en la playa, se mantenía a una distancia segura. Desde esta posición, pudo mirar de forma precisa a su miedo e ir acercándose a él cada vez más.

A la hora de la eliminación de las órdenes internas, es frecuente que nos topemos con sensaciones desagradables y viejas heridas. Dejar ahí esas sensaciones tiene un efecto curativo. Las viejas heridas precisan de aire y de luz. Pero cuando estas sensaciones se hacen demasiado fuertes, tanto que te parece imposible que lo sean más, debes ser creativa: deja alguna distancia entre tu persona y la sensación en cuestión, da tres pasos atrás y, en tu imaginación, ponte en una elevada situación interior; o bien cúbrete con un abrigo protector interno y saluda a tus sensaciones, a la vez que les dices que las ves tan grandes como son.

> **Las viejas heridas precisan de luz y aire para sanar.**

Las condiciones previas arriba descritas son ayudas para que el proceso de *focusing* pueda funcionar. Si «no te funciona» el *focusing*, puedes preguntarte a ti misma:

- ¿Estoy atenta de verdad en mi interior o existe algo que está en primer plano y que me molesta, por ejemplo la premura del tiempo, el ruido, etc.?
- ¿Puedo mirar mis experiencias de una forma curiosa y abierta, o ya sé de todas formas de qué se trata? ¿Me desvío del punto central?
- ¿Me mantengo a la suficiente distancia con respecto a lo que quiero observar en mi *focusing* o me encuentro algo

enredada o tan alejada de mi problema que ya no lo puedo ni ver?

Si quieres informarte con mayor detenimiento del método de *focusing*, te recomendamos el libro de Ann Weiser-Cornell: *El poder del focusing,* que contiene el *focusing* como método de autoayuda, con muchos ejercicios prácticos.

Hasta ahora, hemos explicado sólo «la esencia» y el transcurso del *focusing*. Con la ayuda de los ejercicios, puedes, tú misma, adquirir tus primeras experiencias. En el siguiente capítulo, vamos a recurrir de forma directa al *focusing* en relación con la eliminación del miedo a hablar en público.

MIRAR AL MIEDO A LA CARA: CÓMO SE ELIMINAN LAS ÓRDENES INTERNAS

Como ya se ha comentado antes, en el *focusing* se trata de eliminar las órdenes interiores, tener en cuenta los sentimientos, ideas, imágenes y percepciones corporales que intentamos omitir por medio del «asentamiento de órdenes internas». Ahora te vamos a proponer unos ejercicios que apoyarán tu percepción y que puedes utilizar como autoayuda. Estos ejercicios se completarán y explicarán a partir de experiencias y ejemplos de casos extraídos de nuestra consulta de asesoramiento. Quizá podrás encontrarte a ti misma en uno u otro ejemplo; pero quizá también te muestren el abanico de sentimientos, imágenes y sensaciones que se pueden unir al fenómeno del «temor a expresarse en público».

Con «chirrido de dientes y temblor de rodillas»: síntomas físicos del miedo

El miedo a hablar ante los demás se puede percibir en todo el cuerpo. ¿Quién no conoce la sensación de que a una «se le cae el alma a los pies» o «tiene mariposas en el estómago»?

Los síntomas físicos que nos comentaron algunas mujeres van desde un leve incremento del ritmo cardiaco, hasta los mareos e, incluso, la sensación de perder el conocimiento.

Aquí te presentamos ahora un resumen de los *posibles síntomas del miedo, de la cabeza a los pies:*

Dolores de cabeza, ponerse colorada, manchas nerviosas, *blackout*, lagrimeo de los ojos, «tener la cabeza en las nubes», boca seca, salivación excesiva, mareos, trastornos de percepción, sensación de pérdida del conocimiento, tensión, erupciones de sudor, acaloramiento, nudos en la garganta, voz temblorosa, opresión en la garganta por causa del miedo, ahogos, presión en el pecho, taquicardia, trastornos del ritmo cardiaco, pinchazos en la cavidad torácica, presión abdominal, malestar, calambres, diarrea, incontinencia urinaria, manos temblorosas y húmedas, rodillas y piernas temblorosas, tensión en las piernas.

A menudo, los síntomas físicos del miedo son tomados como una amenaza y eso hace que, no en pocas ocasiones, lo tomemos como una escalada de la sensación del miedo: «¡Cielos, de repente mi corazón late muy rápido... y ESTO NO ME

DEBE OCURRIR!»; e incluso comienza a latir con más fuerza. La realidad del miedo se convierte en una calamidad que debe ser evitada: se llega a un *miedo ante el miedo*. Este círculo vicioso de reacciones físicas refuerza todavía más que estas personas se miren a sí mismas en su interior para mantenerse «bajo control», y de esa forma sus pensamientos giran de forma predominante en un intento de evitar los síntomas físicos del temor. Hemos bautizado a esta autoobservación crítica con el nombre de *efecto Lenor* (según un anuncio publicitario de los años setenta, en el que un ama de casa se dividía en dos con las palabras «Ahora tengo una mala conciencia»). Las mujeres afectadas lo sienten como una división interna en dos instancias, una la vivida y otra que observa lo vivido y lo quiere eliminar. La concentración se dirige en su mayor parte al intento de librarse de la percepción de los síntomas del miedo. Las reacciones corporales se comportan de un modo parecido al tictac de un reloj, que nos molesta cuando estamos en el sueño porque nos parece que suena mucho, sobre todo si nos concentramos en él: el ritmo cardiaco se eleva de una forma excesiva, la cara se nos pone colorada como un tomate y las rodillas nos tiemblan cada vez más. Una profesora que puede hablar sin ningún miedo delante de su clase y que suele perder los nervios cuando se dirige a los padres en las reuniones, describió este estado de la siguiente forma: «Es como si yo misma asistiera en calidad de oyente a un curso mío, me coloco de pie justo a mi lado y me riño a mí misma; me escucho hablar y cada vez me pongo más y más nerviosa». La concentración se ve absorbida por este «estado interior de emergencia», y casi no está disponible para el informe que se desea pronunciar. Esto lleva con frecuencia al ya comentado *blackout*.

Las manifestaciones de una estudiante describen de forma plástica el *efecto Lenor*:

Mi cabeza da vueltas, mi cuerpo se siente como si estuviera exangüe, como si ya no pudiera conseguir nada más, como si ya no me perteneciera. Las ideas rotan, pero ya no puedo comprender nada, todo está mezclado. Mis ojos no pueden enfocar con exactitud. Lo ven todo y no ven nada, no registran nada, como si se hubieran dado la vuelta hacia dentro, y miraran al interior de mi cabeza y, por eso, la cabeza me da sacudidas. Me observan sin cesar. Reina un barullo total, un carrusel de pensamientos.

Este «mirarse-a-una-misma» o «colocarse-junto-a-una-misma» es una señal clara de que esta mujer se da órdenes a sí misma, y estos mandatos afectan a su comportamiento; los ojos giran hacia dentro y sacude la cabeza en un barullo interno: «¡ESTO NO PUEDE SER!».

> **Las autoobservaciones críticas llevan a un estado de emergencia interior.**

Este proceso psíquico se asemeja, en ocasiones, a experiencias de educación autoritaria procedentes de la época de la primera infancia: los reproches a una misma, los rapapolvos y los sermones morales internos, por una parte; los miedos y sensaciones de desamparo, la impotencia y la inferioridad, por la otra. Es como si dentro de una misma existieran dos personas que lucharan entre sí.

Y, en el fondo, esta lucha interna se genera, la mayoría de las veces, por culpa de nuestra «niña interior» y de una instancia paterna crítica en exceso, que se asemeja a una severa educadora que mezcla prohibiciones y órdenes: «Ahora no hagas el tonto y deja de temblar».

A la presión de la «voz crítica de padre», le sigue la reacción de la «niña»: se bloquea o reacciona con miedo. Igual de mal que se convence a un niño con las palabras «No tienes por qué sentir miedo», podemos ordenarnos a nosotras mismas que no tengamos miedo.

La salida de este estado de emergencia se obtiene a base de percibir y aceptar el propio miedo, y de enfrentarse a él de una forma amistosa y amable. Para tal fin, en este punto queremos proponerte otro ejercicio.

Para acercarte a tu miedo de una forma distinta a la habitual, a base de ideas y lenguaje, te vamos a proporcionar unas instrucciones con cuya ayuda puedes intentar percibir tu temor de un modo físico que, a continuación, vas a dibujar.

Para ello, precisas de una hoja de papel grande (DIN A3, o al menos dos DIN A4 pegadas) y, si es posible, lápices de cera para pintar. No se trata de que hagas una obra artística, sino de que intentes encontrar una expresión física al miedo que has sentido en tu cuerpo: pueden ser líneas, formas, colores, abstracciones o una imagen interior concreta.

Ejercicio. «Dibujar el miedo»

- Procúrate un sitio cómodo en el que puedas pintar y donde no te molesten durante la próxima media hora.
- Primero debes recostarte, respirar y disfrutar de una pequeña pausa de reflexión. Si lo deseas, puedes cerrar los ojos.
- Tómate tiempo para prepararte en tu interior y tomar contacto con tu miedo.
- Cuando te sientas preparada, busca de nuevo en tu imaginación la situación de hablar que percibiste como desagradable. Haz que esta situación fluya como una película. Detén la película en el punto en el que percibiste mayor miedo o la sensación más desagradable. Percibe lo que ocurre en tu cuerpo: ¿Cómo se siente tu miedo en el cuerpo? Quizá haya un punto determinado donde notes con mayor intensidad este temor. No te esfuerces, basta con que pienses hasta que, sin hacer nada, ocurra algo.
- Ahora, acostumbra a tu percepción interior a observar: ¿qué aspecto tiene para ti? ¿Existe una imagen interior, formas o colores? ¿Observas el aspecto que el miedo tiene en ti? ¿Qué sensación tiene esta imagen? Percibe todo lo que se desarrolla. Tómate tiempo para ello y consérvalo en tu interior.
- Cuando observas esta imagen interior como un todo, ¿existe para ti un núcleo, algo central? ¿Hay una palabra o una frase? ¿Cómo lo denominarías? ¿Qué título tendría?
- Aléjate ahora un paso de tu imagen y retírate algo más atrás de tu percepción interior, de la observación interna. Percibe cómo respiras, cómo estas sentada y oriéntate de nuevo en la habitación.
- Si te encuentras preparada, coge un lápiz y un papel y pinta tu miedo.

Pintar: una ayuda para comprender el miedo

Si tienes ahora en tus manos la imagen de tu sensación de miedo, es posible que tengas la experiencia de que se ha creado una expresión que tú, con anterioridad, no hubieras nombrado o descrito así. Esta expresión es un paso más en tu miedo, un paso más para percibirlo y tomarlo en serio, tal y como ahora se ha mostrado, sin que suponga ninguna valoración hacia tu persona.

El siguiente ejercicio trata, sobre todo, de agudizar tu percepción en el plano físico.

Ejercicio. «Saludar a las sensaciones físicas»

Date cinco minutos para la lectura y dirige la atención a tu cuerpo. ¿Qué puedes percibir allí? Intenta observar tus sensaciones físicas sin pretender valorarlas ni influir en ellas. Dile «Hola» a tus sensaciones: «¡Ahora me doy cuenta de cómo respiro, dentro y fuera! ¡Hola, respiración!»; «Ahora contraigo mis hombros. ¡Hola, contracción!»; «Ahora siento cómo palpita mi corazón. ¡Hola, palpitación!»; «Ahora noto mis pies fríos. ¡Hola, pies fríos!», etc.

Percíbete una vez más, de pies a cabeza. ¿Qué notas ahora, en este momento?

Suele resultar fácil llevar a cabo este ejercicio en un estado relajado. Intenta también percibir tu cuerpo, de un modo consciente y sin valorarlo, en una situación desagradable que te provoque de forma interna. Aprenderás, también en los momentos tensos, a percibir tus reacciones tal y como son, y a no valorarlas como fuentes adicionales de miedo.

Del mismo modo en que te ha sido posible, en una sensación «aguda» de enamoramiento, dejar estar a tu ritmo cardiaco sin hacerle valoraciones, pasado un tiempo también podrás enfrentarte a este ritmo cardiaco cuando hables ante el público: «Bueno, estoy nerviosa y tengo palpitaciones. ¡Hola, palpitaciones!».

De nuevo, un resumen:

1. Los síntomas físicos se muestran de pies a cabeza.
2. Los síntomas físicos por sí mismos suelen ser, a menudo, los desencadenantes del miedo («miedo ante el miedo»).
3. Los síntomas físicos no suelen poder controlarse de forma consciente (por ejemplo: «No debo ponerme colorada»).
4. El intento de controlar los síntomas físicos lleva, la mayoría de las veces, a un reforzamiento de los mismos.
5. Esto último, también lleva, a menudo, a un *efecto Lenor*. Objetivo: para disminuir las relaciones del miedo con los síntomas físicos, sirve el percibir las sensaciones tal y como son, sin valorarlas o desplazarlas.

Del mismo modo que hace un instante has percibido los síntomas físicos del miedo, en el siguiente capítulo queremos alentarte a relajar tus órdenes y a debilitar tus inhibidores del miedo a hablar en público.

Dejar de darse órdenes a una misma

Las siguientes instrucciones de *focusing* pueden ser, como en los casos anteriores, grabadas en una casete, por lo que te recomendamos hacer las suficientes pausas al hablar, para después tener más tiempo y no sentirte presionada. Con eso se posibilita una larga percepción, así como un desarrollo de tus vivencias para terminar de darte órdenes. Cuanto más profundas se hayan «enterrado» estas órdenes, más atención necesitarás hasta que aparezca una modificación notable. Pueden ser necesarios varios procesos *focusing*, hasta que notes en tu interior más serenidad y alivio. Por eso no debes obligarte a permanecer con tus sensaciones, sentimientos, imágenes o ideas cuando te parezcan desagradables. Es mejor que te decidas a volver a tomar contacto con estas cosas desagradables en un momento posterior.

Una buena posibilidad es también hacer que una persona de confianza te lea en voz alta estas instrucciones. Este ejercicio dura, por lo menos, 30 minutos. Las preguntas de las instrucciones deben ser tomadas como ayudas para desarrollar y percibir tu experiencia interior de sensaciones o imágenes, y no deben constituir un aliento a la reflexión.

Ejercicio. «El *focusing* de la serenidad»

Primero, debes hacerte espacio tanto exterior como interior, a base de seguir las instrucciones que se han dado antes (véanse páginas 100 y siguientes). Busca un lugar adecuado.

Dirige tu atención desde fuera hacia dentro. Si lo deseas, puedes cerrar los ojos.

Acompaña tu respiración (véanse páginas 114 y siguientes). Con cada una de las espiraciones, dirígete un poco más hacia tu interior.

Paso I: *Mirar el decorado*

Si te sientes preparada en tu interior, toma contacto con una situación de hablar que te resulte desagradable, por ejemplo con una a la que ya te hayas enfrentado u otra que esté próxima. Deja que la situación fluya delante de tus ojos de una forma viva.

- ¿Cómo es esa situación?
- ¿Qué es lo que ven tus ojos interiores?
- ¿Qué es lo que escuchas?
- ¿Qué ideas pasan por tu cabeza?
- ¿Cómo te sientes en esta situación?

Paso II: *Descubrir la orden*
Percibe las ideas con las que te sientes bajo una presión interior.

• ¿Te das órdenes de cómo debes ser tú y cómo deben ser tus oyentes? O ¿existe algo que no deba ocurrir, de ninguna manera, en esta situación?

• En caso de que ahora hayas encontrado órdenes con las que te pones bajo presión, pregúntate a ti misma una vez más: «¿Qué es lo que me produce más presión, qué es lo central?».

Paso III: *Actuar contra la orden*
Si has encontrado una orden central, imagínate ahora la posibilidad de que ésta te afecte de forma nociva, te dañe: imagínate lo que no debe pasar bajo ningún concepto y, de repente, eso es lo que pasa. Date tiempo para imaginártelo.
Pausa

• Mírale a la cara a esta posibilidad. ¿Cómo te sientes? ¿Qué desencadena esta idea en ti?
Pausa

Paso IV: *Percibir el «sentimiento malo»*
• Pregúntate ahora: «¿Qué hay de malo o de desagradable en ello?». Nótalo y permite que se forme una respuesta interior a esta pregunta.
Pausa

Paso V: *Desplegar y pararse*
• Dirige ahora la atención a tu zona abdominal y pectoral y mira, percibe y escucha lo que se desarrolla allí.

• ¿Qué es lo malo? ¿Existe un lugar en tu cuerpo

donde lo puedas sentir de forma especial? ¿Con lo malo se te genera una sensación? ¿Quizá se forma una imagen o un color que se ajusta a lo malo?

• Percibe lo que se te acaba de mostrar tal y como es o como se desarrolla, tanto o tan poco como también deba de ser en ese momento. Incluso si no es agradable, quédate un par de minutos junto a la percepción de lo malo e intenta, como si fuera una buena amiga, acompañar a esa experiencia.

Paso VI: *Curar las heridas*

• ¿Puedes percibir un centro, un núcleo de lo malo? ¿Qué es lo central? Quédate junto a la presencia de «lo malo» para contestar a esta pregunta.

• ¿Puedes ponerle nombre, describir o expresar con palabras este centro? ¿Existe alguna frase, palabra, imagen o movimiento que se ajuste a esta percepción?

• Una vez en contacto con lo malo, pregúntate: «¿Qué necesitaría para sentirme mejor?»; «¿Qué me podría ayudar?»; o bien: «¿Cuál sería un buen paso?». Espera a que lleguen tus respuestas interiores. Siente lo que se modifica con ello.

• Pregúntate lo que te falta para concluir el proceso de percepción. Quizá quieras regresar a un lugar importante o conservar una imagen o una palabra, para que no se te pierda.

• Tómate tiempo para ello.

• Finaliza el proceso de *focusing* a base de percibir de nuevo de forma consciente tu respiración. Con cada inspiración, siente otra vez la superficie sobre la que estás tumbada o la silla sobre la que te sientas. Con cada inspiración, regresa cada vez más a la habitación. Escucha los sonidos y, con cuidado, comienza a guiñar los ojos y ábrelos con sosiego. Bosteza, si es lo que te apetece, o desperézate.

• Antes de que puedas reanudar la lectura o actividad a la que estuvieras dedicada, debes percibir en tus pensamientos si en el proceso ha surgido una nueva experiencia o conocimiento, o si te ha venido a la mente algo ya viejo y conocido.

Si lo deseas, ahora puedes buscar una forma que exprese lo que has experimentado. Esto puede ser, en especial, útil si te das cuenta de que lo desagradable «te continúa preocupando» mucho, que no ha variado en el proceso de *focusing* y que te es complicado expulsarlo de tu interior.

Si has realizado el proceso de *focusing* en compañía de una persona de tu total confianza, puedes hablar de nuevo sobre ello, quizá pueda gustarte escribir lo que has vivido o plasmar en un cuadro con todas sus formas y colores lo que has visto en tu interior.

No es importante el modo y forma en que lo hagas, sino la expresión plástica de lo que has sentido.

Es posible que en el proceso de *focusing* que acabas de llevar a cabo se te haya mostrado como núcleo de lo malo (es el paso VI) un nuevo y quizá más profundo imperativo.

Podrás ir a la base de él en la próxima ronda de *focusing*.

También es posible repetir varias veces el proceso de *focusing* que acabas de practicar volviendo a percibir otra vez en tu interior, por ejemplo el día de mañana, lo nuevo que haya surgido en la situación.

Con ello puedes observar si vuelves a sentir «malos sentimientos» o si se han modificado tus vivencias del miedo a hablar. Aún puedes tener sensaciones desagradables al imaginar que infringes una orden. Esto puede ser señal de que has dejado de emitirte órdenes internas; de que, por decirlo así, la instrucción se ha «disuelto».

Experimenta con este ejercicio y percibe la forma con la que notas que se modifican tus vivencias.

Ahora te presentamos dos ejercicios sobre dos de las órdenes más habituales: miedo a ser el centro de atención y miedo a ser rechazada.

Ejercicio. «Sentarse a la vista de todos»

Busca un lugar cómodo para sentarte y tómate tiempo para desperezarte y relajarte. Imagínate que estás ante una situación de hablar, sentada o de pie, frente a un público. Da igual que ya hayas vivido esta situación o que te la imagines, lo principal es que, en tu interior, puedas experimentar que los ojos de todos se dirigen hacia ti y que te encuentras en el centro de la atención. Sumérgete en esta idea: estás ante muchas personas, todos te miran y esperan el comienzo de tu charla. Haz un proceso de *focusing*, como te hemos explicado, con todas las ideas y sensaciones que surjan en tu interior.

> ### Ejercicio. «Ser rechazada y abucheada»
>
> Tómate tiempo y busca un lugar en el que puedas permanecer sentada sin ser molestada. Permite que ante los ojos de tu espíritu surja una situación de hablar en la que seas rechazada por tus oyentes. Puede que tengas próxima una de estas charlas, por lo que debes orientar tu fantasía hacia la situación futura. Quizá ya te haya ocurrido una vez, y debes hacer que vuelva de nuevo a tu memoria. Imagínate que tanto tu persona como lo que dices son rechazados por el público. ¿Qué hace el público? ¿En qué reconoces que no te aceptan? Quédate con la idea de poder experimentar un «fracaso» y, si es posible, cosechar una protesta. Permite, desde tu interior, que este malestar u otro tipo de sensación se cree dentro de ti. Haz *focusing* con ayuda de las instrucciones de lo que es desagradable para ti o te resulta «tremendo», cuando experimentas ese rechazo por parte del público.

En situaciones en las que te das cuenta de que puedes ordenarte algo de forma muy intensa, ocúpate internamente de ello y realiza un «*focusing* relámpago».

> ### Ejercicio. «*Focusing* relámpago»
>
> Si determinas que te encuentras, en este mismo instante, bajo presión debido a una orden o una prohibición, pregúntate a ti misma: «¿Qué sería de verdad lo malo si en realidad pasara lo que no debería pasar?». Deja que la respuesta a esta pregunta se cree desde los sentimientos que van unidos a esta idea. «¿Qué es para mí lo que hay de desagradable / malo / terrible en ello?». Percibe lo malo durante un momento.

El «*focusing* relámpago» ha arrojado muy buenas experiencias en nuestra vida diaria.

Recuerdo una situación en uno de nuestros seminarios en la que la cámara de vídeo dejó de funcionar. Todas las participantes esperaban curiosas su primera grabación de vídeo, pero nada funcionaba. Dicho con sinceridad: esa fue mi «idea de un horror», lo peor que me podía pasar. Me escuché decir: «¡Esto no puede pasar! ¡Por el amor de Dios, tiene que funcionar!». Las órdenes, que crecían a la vez que el pánico, eran absurdas. Percibí la sensación embarazosa de tener que confesarles a las participantes que la grabación se había estropeado. Noté que mi corazón palpitaba a toda velocidad y que mis manos estaban húmedas, y lo permití por un momento. La sensación desagradable fue en disminución y acabé por tranquilizarme. «La cámara está rota». Punto. Es así y no hay más.

En ese momento, estuve de nuevo capacitada para pensar de una forma constructiva y reflexionar sobre una posible alternativa. Cinco minutos después, en un nuevo intento, la cámara volvió a funcionar. Desde entonces, estoy convencida de que los aparatos electrónicos también tienen alma.

El efecto del «*focusing* relámpago» no siempre es tan espectacular, pero la mayoría de las veces, sobre todo en situaciones de estrés, es muy útil. Pruébalo.

A continuación, te vamos a proponer otro ejercicio que puedes probar si se te presenta una situación de hablar en la que cuentas con el miedo y la inseguridad y ante la cual preferirías escurrir el bulto: «La prueba del valor».

Seguro que conoces desde tu niñez estas pruebas de valor. La persona valiente no es la que no tiene miedo en determinadas situaciones, sino la que, a pesar de su pavor, lleva a cabo esas acciones comprometidas. Paso a paso, debes terminar por evitar las situaciones complicadas.

Eludir situaciones de miedo sólo hace que éste se convierta en crónico. Hay que aceptar la posibilidad de reunir experiencias positivas. La evitación tiene efecto de bumerán en la evolución del miedo: se fortalece el miedo ante el miedo.

Este ejercicio te facilitará simular (en el pensamiento) una situación complicada para hablar y, como prueba, experimentar la nueva relación con el temor. Si tienes pavor, malestar, miedo escénico, etc., incluye estas sensaciones dentro de tu percepción de la situación y termina con ellas en tu interior; échalas a un lado.

Ejercicio. «La prueba de valor»

Colócate en tu interior en una situación que te provoque miedo: «¿Cómo te sientes?». Percibe todo lo que está asociado al miedo.

Ahora imagínate que notas tu inseguridad y nerviosismo y, a pesar de todo, actúas o hablas sin que ello te lo impida. Percibes tu miedo, lo saludas como si fuera un sentimiento corporal, pides la palabra, criticas, te presentas, etc. Imagínate que te fuera posible hacer lo que deseas, aunque estés en compañía de tu miedo. Y percibe cómo, según hablas, los síntomas del miedo van disminuyendo poco a poco.

Realiza este ejercicio varias veces en tus pensamientos y comienza con la práctica en una situación real. Dirígete consciente a tu miedo y percíbelo.

Esto debe ser suficiente, en un principio, como ejercicio y experimento. Pruébalo. Comprueba si te es útil y, si te percatas de que no quieres encontrarte tú sola con tu miedo, no tengas reparos en pedir ayuda experta. A menudo, basta con que una persona de tu confianza te respalde en tu autoayuda, simplemente escuchándote cuando, por ejemplo, realizas un proceso de *focusing*.

Y si no «funciona» con *focusing*, mira si en los alrededores de donde vives hay algún seminario de *focusing*. También puedes olvidar todo lo anterior y simplificarlo: termina con tu miedo a base de ignorarlo, rechazarlo, evitarlo, minimizarlo, entrenarte, etc. Enfréntate a él cuando se muestre, ocúpate de él, mantén el contacto, sé testigo de él y utiliza tu miedo a hablar en público como un poste indicador de tu desarrollo.

En el siguiente capítulo, te vamos a informar de algunas advertencias retóricas útiles, técnicas y consejos que te ayudarán a afrontar situaciones en las que se ha de hablar y tener nuevas experiencias.

PERSUADIR A BASE DE MOSTRAR SEGURIDAD EN TI MISMA: AYUDAS, CONSEJOS Y TÉCNICAS

Muchas mujeres que se sienten afectadas por el miedo a hablar en público tienen configurada su vida y sus actividades cotidianas de tal forma que en raras ocasiones (o en ninguna) se encuentren en situación de tener que pronunciar un discurso ante un grupo de personas. Apenas han podido adquirir sus propias experiencias sobre lo que es prometedor y apropiado para un discurso interesante, así como lo que no está acreditado y es inoportuno.

En otras páginas se han mostrado ejemplos de mujeres que tienen poca o ninguna angustia por hablar en público, pero que no saben en realidad cómo funcionan las ayudas para pronunciar charlas. La mayoría de las veces, en la vida de estas mujeres no ha habido ocasión, hasta el momento, de pronunciar un discurso. Sin embargo, una vez que ha variado su situación profesional, o personal, y desean hablar en público, advierten que les falta un modesto y apropiado *know-how* retórico.

Reúne nuevas experiencias.

Nosotros deseamos poner en tus manos técnicas y consejos por medio de los cuales puedas compensar tus atrasos en la práctica y reducir al mínimo tu falta de experiencia retórica. Este *know-how* retórico no sirve, como parece lógico pensar, de sustituto para eliminar tu miedo a hablar. Mientras todavía sufras los efectos de esta angustia, persiste el peligro de que los siguientes consejos y advertencias constituyan para ti una «obligación»; es decir, que puedan llegar a constituirse en un mandato o corsé que te aprisione.

Puedes compensar tu falta de experiencia a base de técnicas retóricas.

Bajo el miedo a fracasar es posible que existan, soterrados, reglamentos y normas. Así, por ejemplo, el consejo «Propón ejemplos para ilustrar un pasaje que pueda resultar árido», se puede transformar de forma muy sencilla en una nueva reglamentación interna: «¡Tengo que proponer ejemplos, pero no se me ocurre ninguno!». Puede ocurrir que tu miedo a hablar se eleve a su máxima expresión si las próximas técnicas retóricas se convierten para ti en una nueva y rígida reglamentación interna.

Déjanos decirte, aquí y ahora: con el mero conocimiento de las técnicas retóricas no conseguirás reducir tu miedo a hablar. Pero este *know-how* sobre hablar en público te dará seguridad en ti misma, si llegas a suprimir tu reglamentación interna y desciende tu temor a la hora de expresarte ante un público.

Desde un principio

Aquí encontrarás técnicas y consejos que te podrán aliviar a la hora de realizar los preparativos de una charla o presentación oral. Una planificación esmerada ya te puede ofrecer seguridad desde los preludios de tu trabajo, sobre todo si ensayas tu charla de antemano y te la grabas con ayuda de una casete. Sin embargo, tus preparativos y pruebas no te servirán de garantía para que, después, tu disertación se llegue a desarrollar tal y como tenías pensado. El hablar en público es un complejo sistema mediático en el que participan otras personas. Su evolución está muy influida por muchas circunstancias del momento presente. Puede que una parte de tu charla resulte superflua, porque los oradores precedentes ya hayan contado lo que tú querías decir. O que alguien, antes de tu intervención, haya sostenido algo que tú, ahora, quieras contradecir. Puede que el estado de ánimo de la sala sea demasiado solemne y observes que los ejemplos jocosos que incluyes no son los adecuados. Hay muchas circunstancias en la situación coyuntural de cada charla que te pueden obligar a cambiar en parte, o incluso en todo, tu disertación. Por ese motivo, no constituye ningún error el que no mantengas la charla en la línea que habías planeado en un principio.

A pesar de todo, una preparación cuidadosa puede servirte de gran ayuda. Tantea la planificación del tema de la charla, delimítalo, encuentra las palabras adecuadas y establece una serie de líneas o notas de referencia. Todo esto puede constituir un cable de seguridad que te servirá como si estuvieras en una ascensión de alpinismo. Con ello, ganarás la libertad de poder arriesgarte a dar un par de pasos que no tuvieras planeados.

Lo intensa que sea la preparación de una disertación depende del motivo de la misma y de tu experiencia práctica.

El motivo adecuado: el planteamiento de una disertación a pronunciar en una reunión profesional o de negocios que sean decisivas para ti exige, por regla general, más reflexión y una preparación más intensiva que si se trata, por ejemplo, de un motivo de tipo social, como puede ser el cumpleaños de un amigo.

La experiencia práctica: resulta frecuente que los oradores avezados y rutinarios sólo preparen los pasajes de más importante contenido y, en su mayoría, se limiten a improvisar las palabras de comienzo y cierre de su discurso. Si tú, por el contrario, no tienes demasiada experiencia, lo más sensato es que, además, también te prepares las frases de arranque y despedida que vayas a pronunciar.

La organización del guión

Antes de que prepares un guión para una intervención oral que tengas prevista, reflexiona en primer lugar si prefieres redactar por escrito toda tu charla, palabra por palabra, o si lo sensato es prepararte un ligero guión escrito. Esta decisión también depende de dos aspectos:

De la importancia de tu disertación: lo capitales que sean tus palabras para el auditorio depende de lo preciso y escrupuloso de tu redacción. En tales casos, resulta razonable escribirla palabra por palabra.

De tus preferencias personales: como resulta lógico pensar, puedes mantener tu charla de una forma improvisada, es decir, sin ningún tipo de papeles de apoyo. Si, por motivos profesionales, dominas una materia y estás acostumbrada a hablar en público, es probable que tu conferencia resulte mejor si no utilizas ningún papel, como si «te la sacaras de la manga».

Redacción textual del guión

Cuando, por ejemplo, tengas que presentar en público una disertación de tipo político o económico, es importante que al hablar lo hagas de forma que te puedan «citar», pues es posible que tus palabras aparezcan al día siguiente en los periódicos.

Esto sirve también si tus palabras tienen un contenido programático, o abren nuevos horizontes, por ejemplo, en el discurso de toma de posesión de la presidencia de una entidad gremial.

En todas partes donde tus palabras puedan ser sopesadas en la balanza de la opinión pública, resulta razonable formular en el guión, de forma precisa, los pasajes más decisivos.

Leer una conferencia y que el auditorio no se te duerma constituye un arte. Es verdad que, a primera vista, lo que puede parecer más sencillo es leer una disertación; pero, en la práctica, puede resultar aburrido o ininteligible, o ambas cosas.

> **Leer en público una conferencia escrita es todo un arte.**

Esto se basa en que construimos nuestras frases de forma muy distinta dependiendo de si las escribimos o las leemos. La redacción escrita es más rebuscada, más complicada y menos sencilla que nuestras frases habladas.

Si lees de forma textual estas frases que has escrito y que, comparadas con el lenguaje normal, son más complicadas, estarás exigiendo mucho a la concentración de nuestro auditorio. Dado que de esa forma el/la conferenciante resulta estar muy ocupado en la lectura detallada del guión, apenas dirigirá la mirada al público, lo que da lugar, con frecuencia, a una exposición hablada muy rápida y monótona. El resultado es una charla que se desgrana de una forma carente de expresión.

Y ahora, algunas ayudas para redactar un guión del tipo *palabra por palabra*:

Escribe la disertación en el «lenguaje con el que hablas».
Si con anterioridad redactas tu charla frase a frase, procura en lo posible escribir de la misma forma en que hablas. Preocúpate de utilizar una sintaxis sencilla y evita frases sinuosas y enrevesadas.

Organiza tu guión para que te resulte fácil mirarlo.
No escribas mucho en cada hoja y deja libres amplios bordes en las páginas. Podrás abarcar con la vista, de forma sencilla, la totalidad del texto, siempre que las líneas de tus papeles no resulten demasiado apretadas. Es oportuno utilizar un ancho de línea que permita echar una ojeada rápida a un texto, como el que usan por ejemplo en los periódicos, y poner en cada línea de veinticinco a treinta caracteres.

Apunta en el guión tus «notas del director».
Para prevenir el peligro de limitarte a leer el texto de una forma monótona, puedes apuntarte en el guión algunas notas sobre tu modo de expresarte. Las partes del texto que quieras pronunciar de forma lenta y «dramática» pueden ir marcadas con un determinado color, o escribiendo la correspondiente anotación en el margen del texto. Señala igualmente las pausas en la exposición, o aquellos pasajes del texto que quieras hacer destacar ante tu público.

Utiliza un tipo de escritura que te resulte fácil de leer.
Preocúpate de que, cuando coloques el guión delante de ti, las letras tengan un tamaño adecuado para que las puedas leer con toda comodidad.

En caso de que sea un texto mecanografiado, podría ser necesario ampliarlo con ayuda de una fotocopiadora.

El guión de palabras clave

Para la mayoría de las charlas que puedan hacerse necesarias en nuestra actividad cotidiana, basta con un guión de palabras clave. En él sólo escribirás los conceptos clave más importantes, o el orden en que quieras que se sucedan las partes del discurso que vayas a exponer. De esa forma, te resultará sencillo encontrar rápido las correspondientes palabras clave de tu guión; por lo que, además, es importante que el número de esas palabras no sea muy elevado. Usa una letra bien grande y visible que te permita leerla con rapidez.

Apúntate sólo unas pocas palabras clave.

Muchas personas se encuentran con el error, en sus primeros guiones, de haber escrito muchas palabras clave. Cuando, durante la charla, pretenden mirar su guión, pueden encontrar irritante que la confusión de las palabras no les permita encontrar los elementos correctos de conexión. Esta búsqueda provoca nerviosismo y desconcierta a cualquiera de forma innecesaria.

Chequea el guión: ¿está contenida en él la totalidad de las principales palabras clave?

Las palabras clave no son frases abreviadas, sólo constituyen conceptos importantes con los que, de forma análoga a una llave, podrás abrir la puerta a un nuevo segmento o ámbito temático de tu disertación. Por eso, lo principal no es el número de palabras que uses, sino más bien el hecho de que puedas encontrar los conceptos apropiados.

Cuando hayas preparado tu guión de palabras clave, haz una prueba y pronuncia tu charla a solas en tu casa. Graba la conferencia en una casete y chequea tu guión, de acuerdo con las siguientes preguntas:

- ¿Has dicho, con ayuda de tu guión de palabras clave, todo lo que querías decir? Si la respuesta es negativa, deberás proceder a completar el guión.
- ¿No has necesitado para nada una palabra clave? Entonces, suprímela de tu guión.
- ¿No se te ocurre nada para una palabra clave? Entonces, es probable que sea un concepto clave erróneo. Busca una palabra clave adecuada o una expresión que ocupe dos o tres palabras.

En tu guión de palabras clave también puedes incluir frases completas. Eso es razonable si quieres intercalar una cita textual o deseas hacer una referencia que sea muy precisa.

Piensa en cada caso si puedes «tantear» tu discurso en los siguientes puntos:

Delimitar el tema de la charla:
Para no perderte en los detalles de la preparación del tema, debes plantearte las siguientes preguntas:

- ¿Cuál es el motivo de la conferencia? ¿Importa informar al auditorio, conseguir su reconocimiento y agradecimiento o exponer tu propia opinión?
- ¿Qué es para ti personalmente lo más importante de este tema?
- ¿Cuál es tu contacto, tu opinión y tu conocimiento del tema?
- ¿Qué intereses y conocimientos te ligan con tu auditorio?

Fija de antemano lo que sea más importante de tu charla.

Estructurar la charla:
Al principio de tu charla o de tu aportación a un debate, resulta útil proporcionar unas ayudas orientativas a quienes te van a escuchar.

Entre ellas puede servir, por ejemplo, que te presentes con tu nombre (y, si es necesario, tu función o tu profesión). Esta presentación puede obviarse si existe un moderador del debate que ya lo haya hecho en tu lugar, o si todos los presentes te conocen. En caso de que seas tú misma quien se presente al auditorio, ten en cuenta los siguientes puntos:

- No digas tu nombre nada más comenzar la charla, porque es fácil que tus primeras palabras se puedan perder en el alboroto general del principio del acto. (Véase también *El arte de hablar*, sobre todo el apartado: «Calentarte a medida que hablas»).

- Cuando pronuncies tu nombre, hazlo de forma lenta, clara y fuerte, de modo que todos lo puedan entender.

- Cuando menciones tus funciones, tu profesión o cualquier otra característica personal, no debes agregar nada que rebaje tu valía como, por ejemplo: «Es cierto que sólo soy un ama de casa pero, no obstante, quiero decirles algo».

Una segunda ayuda orientativa a quienes te van a escuchar consiste en situar tu aportación: comparte el motivo por el que les diriges la palabra, dónde y quién te ha invitado o pedido que vayas a hablar, lo importante que es para ti el tema que les vas a comentar o el motivo por el que, como profesional, vas a hacerles partícipes de determinados aspectos. En caso de que en tu aportación quieras distinguir o felicitar a alguien, puedes comentar, de forma breve, la relación que te liga con esa persona.

> **Muestra a tu auditorio la forma en que has estructurado tu charla.**

Durante una conferencia de larga duración, sobre todo en una exposición de tipo profesional o de formación, puedes proponer una tercera ayuda orientativa: hacer pública la estructura con la que vas a plantear tu charla. De esa forma, podrás dar a tu auditorio un corto resumen oral del tipo: «En primer lugar, quiero presentarles XYZ. Después vendrá esto y esto otro y, por último, me gustaría mostrarles cómo se puede conseguir ABC». O puedes hacer que todos vean la estructura de tu presentación, gracias a la ayuda de un *flip-chart*[4] o un retroproyector. (En el capítulo *El arte de hablar* se te explicará de una forma muy detallada la utilización de un *flipchart* o un retroproyector.)

Cómo presentes el núcleo de tu intervención depende del motivo y objetivo de tu charla.

En una presentación *profesional o de formación*, puede ser útil para tus oyentes que empieces con algo ya conocido o asequible a sus conocimientos.

Puedes proponer un problema que se le presente a la mayoría en su quehacer cotidiano, o hablar sobre experiencias que, con toda probabilidad, hayan tenido muchos de tus oyentes. Después, desde lo conocido y lo concreto, podrás pasar a lo nuevo y abstracto.

Una presentación profesional debe empezar siempre con algo conocido.

Justo en conferencias profesionales o de formación, resulta muy estimulante que abordes el tema no sólo de forma objetiva y teórica, sino que te muestres al público como una persona y le expliques los temas basándote en tus propias experiencias y sensaciones.

---

4. Tablero cara al público con grandes hojas. Aparte de su típica denominación inglesa, también se lo conoce como rotafolios o papelógrafo. *(N. de la T.)*

En una charla *de opinión o en una aportación a una discusión*, la mayoría de las veces también pueden surgir preguntas profesionales, pero la atención principal se centrará en el ajuste de posiciones a favor y en contra del tema debatido. Al comienzo de tu charla o tu aportación al debate, puedes indicar de forma resumida, según de lo que se trate, tus propios puntos de vista. O empezar con un resumen, en tus propias palabras, de las opiniones de tus adversarios de debate y, al final, exponer tus propios argumentos.

Incluso puedes empezar con los argumentos más débiles y presentar al final, como punto culminante de tu disertación, los que a ti te resulten de más peso. Para acabar, extrae unas conclusiones finales de tus argumentos y deduce de ellas las consecuencias que desees reivindicar. A fin de que tus propios argumentos resulten inteligibles para tu auditorio, puedes enriquecer tu charla con ejemplos, hechos, resultados de investigaciones y tus propias experiencias. (Más detalles en el capítulo: *Gran cantidad de fuerza de convicción*.)

Te facilitarás la preparación de tu charla si, de forma frecuente, incorporas a un grabador de casetes lo que ya hayas preparado. Al escuchar la cinta grabada, te darás cuenta de la forma en que va a sonar tu exposición. Es posible que también te ocurra que de esa forma puedas poner a punto los distintos temas que vayas a tratar.

**Hablar de forma inteligible: decídete
por el lenguaje coloquial.**

Si no sabes con precisión la forma de expresar una determinada circunstancia que para ti sea decisiva en tu exposición, no dudes en presentarla con el lenguaje coloquial que te resulte más cercano. En caso de duda, emplea el lenguaje de todos los días y renuncia en la presentación a aquello que resulte enrevesado y complicado.

Si tienes bien preparada tu disertación, tendrás una total seguridad en ti misma. Pero, por otra parte, procura no pulir demasiado tu aportación a la charla: un exceso de preparación puede fomentar tu nerviosismo. Es importante que te quedes satisfecha de la forma en que has elaborado tu guión y puedas, de esa forma, dar por liquidados los preparativos de la conferencia.

OCUPAR EL ESPACIO

Algunos oradores u oradoras deciden, al comienzo de su disertación, no ver de forma directa al público. Si después de pronunciar un par de frases miran con atención, se quedan desconcertados por la extraña y repentina visión inicial de muchas cabezas.

En caso de que estés delante de un estrado o una tribuna, preparada para hablar, dirige tu vista de forma que abarques la totalidad del espacio ocupado por tus espectadores. Para eso es recomendable que, con antelación al acto, te familiarices con la perspectiva de la sala que puedas tener desde tu estrado. Intenta, algún tiempo antes de que te llegue el turno para hablar, ponerte en ese estrado o, por lo menos, cerca de él. Mira a tu auditorio y acostúmbrate a la perspectiva con la que te vas a encontrar.

Yo misma, cuando tengo que pronunciar una conferencia, prefiero, ante todo, llegar con tiempo al local donde va a tener lugar. Me coloco en la parte de delante, un poco apartada hacia un lateral, y observo con toda tranquilidad cómo llegan mis oyentes. Contemplo sus rostros e intento hacerme una idea del tipo de público que es. De esa forma, me doy cuenta de cómo entran en la sala y cómo se comportan, y puedo ver si hay muchos que se conocen, si hablan entre ellos o si vienen por separado y, en silencio, ocupan su localidad. Se empiezan a dejar de oír los murmullos que han aparecido poco a poco, así como los ecos de los crujidos y movimientos en las sillas son absorbidos por los suelos de moqueta. Yo «husmeo» esta atmósfera que, de forma lenta, surge en la sala. Para mí, estas observaciones me resultan muy relajantes y con ellas puedo tender mis «antenas» para obtener un contacto con las personas y el entorno que me rodea.

PONTE CÓMODA

Muchas mujeres, al principio, reaccionan perplejas si, después de su primera práctica de charla, se les pregunta si se han sentido cómodas para hablar en la posición que han ocupado, sentadas o de pie. Para muchas, la comodidad no tiene cabida cuando se trata de hablar ante un público. Por el contrario, la mayoría parte incluso de la convicción de que dar una charla ha de resultar muy incómodo para la oradora, y llegan a aceptar que se hace necesaria una cierta cantidad de falta de confort. Y con esta idea, de pie o sentadas, desde mucho tiempo antes de que les llegue el turno de su intervención, ya están sumidas en una posición de excesiva tensión. Y, la mayor parte de las veces, se agotan y mantienen su tensión muscular a base de consumir una energía suplementaria durante el tiempo de espera y en su turno de oradoras. La tensión refuerza el nerviosismo y acarrea un estrés.

> **Reduce las tensiones.**

No es necesario que tú, como oradora, además del trabajo de hablar, debas soportar una incomodidad suplementaria. Te puedes situar, pese a ello, en una situación destacada en la que encuentres tu posición de oradora tan agradable como te sea posible.

A continuación, te presentamos un par de consejos con cuya ayuda te encontrarás cómoda antes y durante tu disertación.

Soslaya a las personas o situaciones que te resulten desagradables
Evita de antemano en tu charla a aquellas personas o circunstancias que te puedan agobiar de forma innecesaria. Preocúpate de encontrarte segura y cómoda en el puesto desde el que debes hablar. Si tienes miedo como conductora y el tráfico de la calle es capaz de agotar tus nervios, vete en taxi o utiliza el servicio público de transportes.

Elude a las personas que por sí mismas sean nerviosas, estén continuamente angustiadas o sean desagradables, pues sus emociones pueden resultar muy contagiosas.

Adopta una relajada posición corporal
Antes de comenzar tu intervención, te debes preocupar, estés donde estés, de adoptar una posición correcta pero relajada.

Haz pausas de vez en cuando, a fin de proceder a un «chequeo de tu postura»: preocúpate de no tener en tensión, de forma innecesaria, ningún músculo de tu organismo. Busca también relajar tu cara. Más de una no se da cuenta de la tensión que se dibuja en su mandíbula, en su frente o en los músculos de la nuca y, por esa causa, pueden surgir ligeros dolores de cabeza que echen a perder tu comodidad.

Vístete de forma adecuada y cómoda

Elige en lo posible prendas de vestir que no te queden ajustadas. Vístete de forma que ni el vestido, la blusa o el cinturón necesiten que les prestes mucha atención. Busca cosas que no puedan moverse de su sitio o hacer que te sientas «rara», evita cualquier malestar innecesario. Resulta muy razonable que la ropa encaje con el tema de tu charla aunque, por otro lado, también debe tratarse de ropa que te siente bien y con la que te encuentres a gusto.

En nuestros seminarios, hemos observado con frecuencia que los zapatos de tacón alto son causa de inseguridad en el caminar de muchas mujeres. En especial, en el momento en que la oradora se dirige a su estrado, los tacones altos dan la impresión (que puede ser mínima, pero muy perceptible) de provocar una especie de tambaleo. Si te has puesto una falda estrecha, tendrás que andar a pasitos cortos. Además, los zapatos de tacón alto te exigen colocarte en una postura en la que tanto las piernas (sobre todo, la musculatura de las pantorrillas) como las caderas sufrirán una tensión adicional. Por este motivo, recomendamos a nuestras participantes que usen zapato plano, tanto para andar con total seguridad como para poder estar relajadas ante el público.

Elimina las incomodidades

Cuando empieces a hablar ante el público, preocúpate de encontrarte lo más cómoda que te sea posible. Organiza tus cosas sobre el estrado de una forma óptima. En caso necesario, ocúpate de que el micrófono esté colocado en la posición más adecuada para que no tengas que agacharte o torcer el cuello al hablar. Si observas que algo te estorba, pide ayuda antes de empezar con la conferencia. Si te molestan los ruidos de la calle, pide que cierren las ventanas; también debería estar cerrada la puerta de acceso a la sala.

También puedes hacer esperar un momento a tu auditorio hasta que hayas conseguido colocarte, a ti y a tus cosas, en la posición adecuada. Cuando ya tengas todo en orden, habrás mostrado que eres una oradora que te tomas muy en serio tus asuntos.

DA LA BIENVENIDA A LAS SEÑALES DE TU CUERPO

Si dar conferencias no es tu actividad cotidiana normal, sino que ocurre de vez en cuando, vivirás esta situación como algo especial. Es decir, es probable que experimentes sensaciones e impresiones que te indiquen que haces algo extraordinario. Una conferencia es algo distinto a ir de compras o limpiarte los dientes, por eso es normal que sientas curiosidad y excitación. No intentes desconectarte de estas sensaciones o dejarlas pasar. No luches contra ellas si ves que tu cuerpo empieza a emitir señales de socorro, pues esas sensaciones nerviosas y esas percusiones del corazón te indican que tu organismo también «juega».

Tu cerebro, tu corazón y tu sistema circulatorio, tus músculos y tus nervios reaccionan frente a un proyecto especial.

Tómate con realismo lo que ocurre en tu interior y da la bienvenida a estas modificaciones de tu cuerpo.

Acepta todas las sensaciones y reacciones de tu cuerpo.

No te sentirás del todo tranquila, ni tendrás una absoluta falta de turbación en el momento de tu conferencia. Por suerte, y en el auténtico sentido de la palabra, estarás inmersa en cuerpo y alma dentro de ella.

El arte de hablar

Con nuestro cuerpo expresamos diversos aspectos de nuestra vida.

En los ademanes y en la mímica, en la postura corporal, en la forma en que nos movemos, hacemos perceptible lo siguiente:

- Nuestro estado de ánimo mental está reflejado en ellos.
- Los diferentes modos y maneras en que hombres y mujeres se mueven, así como las diferencias específicas de sexo.
- El estatus social o la capa de población a la que pertenece cada uno.
- La cultura en que vivimos.

En nuestro libro, tratamos de referirnos en especial al aspecto del lenguaje corporal en lo que concierne a las mujeres, sobre todo a las mujeres que deben hablar delante de otras personas.

En primer lugar, un ejemplo de cómo se practica el típico lenguaje corporal de la mujer a lo largo del transcurso de nuestra infancia: a las niñas de tres a cinco años de edad no les resulta fácil mantenerse firmes frente a los adultos o sus hermanos. Muchas viven esa época a base de conseguir ver cumplido su anhelo de ser como las ven los adultos: unas pequeñas, lindas y buenas chicas. Cuando se trata de conseguir algo, a menudo las chicas aprenden que es oportuno hablar con la cabeza inclinada, tener una sonrisa delicada y alzar un poco la voz.

Este lenguaje del cuerpo de las «lindas muchachitas» daba, por aquel entonces, sus resultados. De esa forma, nosotras pudimos, de vez en cuando, hacernos respetar. En todo caso, casi siempre, eso resulta mejor que dar patadas en el suelo y estallar con un furioso grito de «¡Lo-que-yo-quiero!». El truco de la linda muchachita ha funcionado y se ha grabado como una costumbre.

> **El truco de la «linda muchachita» te roba tu propia seguridad.**

Y ahora ocurre que hoy nosotras, con treinta y cinco o cuarenta y cinco años, dejamos la cabeza inclinada; de repente hablamos con un registro algo alto y sonreímos como si nuestro deseo más importante fuera que quisiéramos salirnos con la nuestra. Y la mayoría de las veces, no nos damos cuenta (sobre todo de un registro alto de voz del que, con toda probabilidad, apenas somos conscientes) de que ha cambiado de forma automática nuestro lenguaje corporal; por así decirlo, se ha alejado de lo que era su forma habitual. Y a partir de esta experiencia, nuestras colegas conferenciantes y nuestro auditorio sólo ven ante ellos a una pequeña niñita que dice sonriente «¡Por favor! ¡Por favor!», y no a la mujer adulta que cree con toda firmeza en lo que dice.

De hecho, hay una diferencia entre una mujer que es consciente de su lenguaje corporal y decide emplear una porción adecuada de su encanto y cordialidad para beneficiar sus propios intereses, a otra que, en cada ocasión y sea o no apropiada, lleva en su cara la sonrisa del «¡Quiéreme!». Si la expresión «¡Quiéreme!» es una costumbre del subconsciente, es fácil que pueda acarrear como consecuencia un «autosabotaje».

Por ello ocurre que hay mujeres que por sí mismas desvirtúan la seriedad e importancia de su discurso poniendo en práctica ese tipo de lenguaje corporal mínimo y como carente de importancia.

La sonrisa del «¡Quiéreme!» es un hábito.

Así encontrarás tu lenguaje corporal apropiado.
Un ejemplo de nuestro seminario:

> Una participante ensaya una charla con la que quiere convencer a una comisión política para que coloque una limitación de velocidad en determinada zona residencial. Como está ante el punto más importante de su intervención, habla con palabras vigorosas, pero mira hacia abajo mientras, a la vez y de forma breve, alza un hombro y luego el otro. Alzar los hombros significa, dentro de nuestra etnia cultural, algo así como «¡No sé!» o «¡No estoy segura!». Además de una mirada baja, su gesto de «¡No sé!», expresado con los hombros, contribuye a sabotear la fuerza expositiva de sus palabras. Ella pronuncia una enérgica declaración, mientras que con su cuerpo expresa un signo de interrogación. La participante afectada no era muy consciente de ello. El encogerse de hombros era, sencillamente, una costumbre que también practicaba de forma casi imperceptible cuando hablaba. Desde un principio, la toma en vídeo de su actuación en el seminario hizo que ella misma se diera cuenta de la forma en que estos pequeños gestos socavaban la capacidad de convicción de sus argumentos.

Es complicado tratar de no hacer determinados gestos que ya están «arraigados» en nosotras. La mayoría de las veces, cuando las personas intentan moderarse y mantener bajo control de forma obstinada alguna parte de su cuerpo, llegan a ofrecer una impresión de torpeza.

Para muchas, resulta más fácil cambiar un gesto al que ya estaban acostumbradas, por otro nuevo.

La señora que hemos comentado antes, probó con distintos gestos y movimientos para hablar en público y luego comprobó los resultados contemplándose en una grabación de vídeo. Incluso descubrió que «ponerse derecha» y «no encoger los hombros» surtía un efecto vigoroso y persuasivo y le confería un mejor aspecto. De esa forma, la nueva charla de ensayo resultó mucho más impactante. Miró a su auditorio en los momentos decisivos de la charla y encogió muy poco los hombros, mientras mantenía el tronco más erguido. Ahora, por tanto, armonizó más sus palabras con su lenguaje corporal.

Un breve «chequeo de la postura» para concienciarse de la posición de su propio cuerpo, tanto antes de la conferencia como durante los momentos más importantes de la misma, ayudó a esa participante a recordar a tiempo su nuevo tipo de lenguaje corporal.

Al observar el lenguaje del cuerpo, resulta sorprendente que las mujeres (si se las compara con los hombres) muestren una postura corporal que no suele ocupar mucho espacio. Al sentarse, suelen cruzar las piernas, con lo que resulta que sólo hay un pie en contacto con el suelo; los brazos, pegados al cuerpo; la cabeza, baja; con frecuencia, los hombros aparecen encogidos en una forma artificial y están inclinados hacia delante o algo levantados. En cambio, los brazos que se descargan gracias al hecho de apoyarlos en los reposabrazos del asiento, la barbilla proyectada hacia fuera y las piernas colocadas con comodidad, es más bien una postura de sentarse muy típica de los hombres.

> **Tu lenguaje corporal repercute también
> en tus sensaciones.**

El lenguaje corporal no sólo se puede estudiar y aprender, sino que también expresa nuestro estado de ánimo. Retorcerse el pelo o mordisquearse el labio inferior son gestos que denotan de forma clara una condición de timidez e inseguridad.

El aprendizaje, lo acostumbrado y la expresión mental son aspectos del lenguaje corporal que coinciden en muchas mujeres. Tienen gestos y aprenden posturas con las que ponen de manifiesto su propia infravaloración.

Y estos gestos y posturas habituales no sólo ejercen su efecto sobre sus interlocutores o su auditorio, sino que también repercuten sobre la postura corporal que sea habitual en la persona afectada.

Un lenguaje corporal de autoinfravaloración puede disparar o reforzar la sensación interna de inseguridad.

Con una postura erguida y dispuesta, te puedes reforzar a ti misma de una forma interna, a la inversa de cuando te sentías angustiada e insignificante. La autoseguridad que irradia de tu cuerpo actúa también sobre ti.

Para eso te brindamos el siguiente ejercicio:

> **Ejercicio. «La posición corporal fortalecedora»**
>
> Siéntate en una silla o en un sillón, de forma que tengas la sensación de estar colocada en una posición muy valerosa. Si el término «valor» te resulta algo asociado a encarnizamiento bélico y te produce una especie de contracción o agarrotamiento, utiliza en su lugar las palabras «confianza» o «vigor interno».
>
> Siéntate de forma que irradies «confianza» y «vigor interno». Permanece en esa posición y elimina de tu sistema muscular las tensiones innecesarias, sin llegar a quedarte «desmadejada». Es decir: siéntate erguida, pero no te quedes tensa. En esa posición también puedes moverte o, por ejemplo, dar una charla o conversar con los demás. No es preciso que te sientes de una forma rígida. Si permaneces en contacto con tu valor, tu confianza y tu vigor interno, ellos también se expresarán en tus movimientos.
>
> Prueba a hacer lo mismo mientras estás de pie o caminas. En cualquiera de esos casos, encontrarás posturas y movimientos con los que podrás expresar que tienes seguridad en ti misma y también reforzarás tu autoconocimiento.

Para acabar, haz una especie de «fotografía interna» de tu postura valiente y plena de vigor, y podrás beneficiarte de esa posición corporal antes y durante la exposición de tu conferencia.

GENERAR LA ATENCIÓN

Es probable que ya lo hayas vivido alguna vez: escuchas un discurso o una conferencia y tienes la completa seguridad de que trata de un tema muy interesante. Pero, por desgracia, está declamado de una forma tan aburrida y falta de interés que apenas has llegado a escucharlo en su totalidad. El monótono flujo de palabras te adormece, obnubila tu mente y, además, en la sala hay algo que, con toda probabilidad, distrae tu atención. Te sorprendes de lo larga que te resulta la conferencia y te preguntas cuánto tiempo más va a durar.

Cuando un discurso o una conferencia se te presentan como demasiado aburridos, el orador es el último en darse cuenta. Está tan ocupado con la charla, que no se da cuenta de los pequeños signos de la falta de atención de su auditorio. Por allí, uno bosteza de forma repetida; por allá, a otro le ves inmerso en sus papeles; en las últimas filas, se escuchan cuchicheos; muchos están como desplomados en sus asientos o miran durante mucho tiempo y de forma intensa hacia el techo o el suelo. Si los oyentes se aburren, esto suele ocurrir de forma silenciosa, casi imperceptible. Para eso, ahora te damos algunas indicaciones sobre la forma en que puedes presentar tu aportación con interés y llena de vida.

Comprensibilidad

La atención del público decae de una forma muy rápida si la disertación resulta ser poco comprensible durante mucho tiempo. No sólo debes expresarte en un lenguaje cuidado y nítido, sino que el contenido de tu charla también ha de resultar lo menos complicado posible; debes eliminar de la conferencias conceptos demasiado abstractos. Si hablas como profesional o experta en un tema que para ti es de sobra conocido, corres enseguida el peligro de utilizar términos técnicos que pueden resultar desconocidos para tu auditorio. Es probable que hables con perfecto conocimiento sobre cosas de las que no son expertos los que están allí, delante de ti. Incluso, aunque te expreses ante colegas, resulta muy útil que expliques de forma gráfica algunos tecnicismos o conceptos abstractos. También los especialistas carecen de uniformidad a la hora de expresar los mismos conceptos.

La comprensibilidad de tu charla se puede mejorar mediante algunos trucos generales que te adelantamos. Comprueba si estas sugerencias te son de utilidad para tu disertación:

Brindar ejemplos
Te puedes valer de ejemplos de la vida cotidiana para conectar con los que escuchan, y con ellos también les podrás plantear de forma expresiva unas teorías o conceptos más abstractos.

Utiliza un lenguaje, unas analogías y unas metáforas que resulten gráficos
Algunos procesos se pueden ver con total claridad, si utilizas para ellos una descripción figurada. Si, por ejemplo, te refieres a que «el carrusel del miedo gira muy rápido», estarás haciendo uso de una expresión plástica para hablar de la evolución del incremento del miedo. Una metáfora es, por ejemplo, el término «reglamentación interior» con el que indicamos, de una forma comprensible, el proceso mental por el que los seres humanos se colocan por sí solos bajo presión.

Utilizar medios visuales auxiliares
Sobre todo los *flipcharts* o los retroproyectores (también denominados proyectores de luz diurna). Un *flipchart* (rotafolios o papelógrafo) es una especie de caballete en el que hay montado un gran bloc de papel en el que, con ayuda de un grueso rotulador de punta de fieltro, puedes dibujar gráficos, escribir palabras clave o enumerar puntos aislados a los que te vas a referir en tu charla. Para que resulte útil, es importante que lo que escribas o dibujes pueda ser visualizado por todos tus oyentes, incluso por los que estén más alejados. La utilización de un *flipchart* sólo resulta oportuna ante un auditorio que no sobrepase a las veinticinco personas, poco más o menos. Si te escucha más gente, es razonable dis-

poner de un retroproyector. En este caso, se trata de una lámina de un cierto tipo de papel transparente sobre la que están rotulados los conceptos que quieres exhibir; la lámina se coloca encima de una plancha de cristal iluminada, que aumenta el tamaño de los rótulos y los proyecta sobre un telón. Como es lógico, este aparato se puede utilizar con grupos pequeños, por ejemplo en una reunión con colaboradores, pero es también apto para mayores auditorios y salas. Para este equipo, necesitas de esas hojas de papel transparente que puedes adquirir en cualquier papelería, donde también deberás procurarte los rotuladores especiales con los que escribir. Puedes, incluso, usar estas láminas como base para fotocopiar en ellas textos y gráficos que antes hayas mecanografiado o dibujado con ordenador.

Para utilizar los *flipcharts* o los retroproyectores, debes tener en cuenta que una página no debe estar muy llena de caracteres, pues entonces la información resultará muy pequeña y poco legible; si no tienes esto en cuenta, la hoja que muestres estará tan abigarrada de información que, más que de ayuda, servirá de confusión para tus oyentes. Algunas oradoras (y también algunos oradores) cometen el error, cuando van a explicar el contenido de una hoja que han presentado, de volverse de espaldas al público y hablar dirigiéndose hacia la hoja o el telón en el que está escrito el texto que exhiben, lo que origina, en el caso más normal, que el auditorio no pueda apenas entender lo que dicen. Cuando tengas que hacer una disertación y utilices estos medios, lo mejor es que te coloques junto a la hoja del *flipchart* o la imagen de los retroproyectores y, desde allí, hables dirigiéndote al público. Cuando utilices estos medios auxiliares, resulta muy importante que te tomes el tiempo suficiente para comprobar la forma en que funcionan y poder manejarlos sin problemas en el momento de tu disertación.

Dar a conocer la estructuración de tu charla

Sobre todo, en el caso de que tu disertación vaya a ser larga, tu auditorio la seguirá de forma más cómoda si conocen, desde un principio, cómo la vas a estructurar. Puedes, por ejemplo, indicarles brevemente, al principio de la charla, los puntos que vas a tocar. Resultará mejor todavía si esa estructura la escribes y la presentas en una hoja de *flipchart* o en una imagen de retroproyector, con lo que, a lo largo de la conferencia, podrás marcar los puntos que has tratado. En caso de que, de repente, te quedes sin saber qué decir, te bastará un ligero vistazo al folio para retomar el hilo de nuevo.

Una pronunciación clara

A veces, a los oradores u oradoras no se les entiende la conferencia porque tienen una pronunciación poco clara. Sobre todo, si la acústica de la sala es deficiente, por ejemplo a causa de los ruidos cercanos (como puede ser el sonido de fondo de la calle) o porque no existe un suelo enmoquetado que amortigüe el sonido de las sillas; es importante, pues, hablar de forma pausada y muy clara. Para superar los ruidos de la sala, puede resultar útil que te persuadas de que tus palabras pueden llegar a alcanzar la pared que esté enfrente de la posición que tú vayas a ocupar. Habla de forma lenta, más lenta de lo que acostumbres, y deja una breve pausa entre cada dos frases.

Tu exposición resultará, en conjunto, más clara si hablas con lentitud y no acumulas las palabras, sino que las pronuncias de forma muy nítida y bien separadas las unas de las otras.

Ocurre en muy raros casos que la causa de una falta de pronunciación clara se deba a un defecto de dicción. En tal circunstancia, se debe acudir a un especialista médico (un foniatra) o una escuela de educación de la pronunciación.

Presentarse al auditorio

El arte de generar la atención se basa, en primer lugar, en que estés atenta a ti misma. El público considerará que estás atenta si tú, a tu vez, consideras que el publico está atento a lo que le vas a contar. Ya antes de la charla, cuando llegues al estrado o al atril desde el que debas hablar, puede bastar tu sola presencia para provocar en el público una sensación de tranquilidad, que se hace patente por el carisma de la atención que irradia tu persona.

**Mira a tu público con sosiego
y durante bastante tiempo.**

Muchos oradores desaprovechan la oportunidad de echar un primer vistazo al público antes de empezar a hablar, mientras se colocan de forma apresurada ante su atril, ordenan sus papeles con movimientos fluidos y, sin mirar a su auditorio y de forma más bien indiferente, comienzan a pronunciar sus primeras palabras. Este comienzo es probable que se pierda entre la falta general de atención, porque el público está poco compenetrado en su interior con el orador y no tiene su mente puesta en la charla que se va a pronunciar.

Tu puesta en escena previa a la disertación se puede organizar de la siguiente forma:

- Andar y moverte de forma reposada y relajada.
- Antes de empezar a hablar, adoptar una postura erguida y no contraída.
- Mirar a tu auditorio (y, si te apetece, sonreírles).

En caso de observar que la sala continúa algo inquieta, puedes mantener tu postura atenta y mirar al público, hasta comprobar que los asistentes se dan cuenta de que vas a empezar y se quedan tranquilos.

Calentarte a medida que hablas
Junto a un reposado y consciente comienzo de tu charla, tu voz y tu tono constituyen también importantes generadores de atención. La audiencia necesita de uno a dos minutos para sintonizar con tu registro de voz. Tú misma, como oradora, también necesitarás de algún tiempo antes para poder acostumbrarte a la forma en que tu voz resuena en la sala y averiguar cuál es el mejor volumen con que debes usarla. De esa forma, tú y tu público sintonizaréis al comienzo de la disertación, de igual forma que se sintoniza una emisora de radio para disponer de una clara recepción. Los primeros minutos de tu charla requieren toda tu contribución para hacer ese trabajo de regulación.

> **El público necesita tiempo para sintonizar con tu voz.**

Permítete algunos minutos para calentarte a medida que hablas, y concede a tus oyentes algunos minutos para calentarse a medida que escuchan. En estos momentos iniciales de tu presentación, no debes enunciar el mensaje central o cualquier otro asunto que quieras que los demás escuchen y entiendan. Empieza con un saludo, algunas palabras amables o tu agradecimiento por la invitación a hablar. En caso de que quieras pronunciar una charla comprometida y provocadora, puedes empezar por establecer tus puntos de vista, enunciar cómo has llegado a ellos o cuáles son tus motivaciones para, ahora, disponerte a hablar. Después de que te hayas calentado para hablar, es probable también que todas tus «ronqueras» y «nudos en la garganta» hayan desaparecido y ya puedas llegar a expresar el mensaje central de tu intervención.

DESPLEGAR TU PROPIO ESTILO DE HABLAR

Con tu forma propia de hablar, vas a expresar dos aspectos de la comunicación: tu propia personalidad (lo que soy) y el efecto que produce a los demás tu exposición (lo que les parezco a los demás).

Son muchos los cursos de retórica que sólo pretenden entrenar el efecto que tus palabras puedan causar a los demás. Se suele descuidar el aspecto de que hablar es también una especie de autodescripción y de que proporciona una impresión sobre cuál es tu forma de ser. Por ello, el desarrollo de un estilo oratorio individual es también una contribución al desarrollo de tu personalidad.

A las mujeres (y también a los hombres) que padecen de miedo a hablar en público, no les suele gustar la forma en que hablan. Muchas de nuestras participantes en los seminarios consideran, al principio de los mismos, que sus movimientos y la expresión de su cara mientras hablan son «sencillamente horribles». En especial, cuando ven por vez primera una grabación en vídeo de su actuación: llegan a tener la sensación de que su estilo oratorio es «horroroso».

En general, existe una clara relación entre la intensidad de su «miedo a las candilejas» y el rechazo a su forma de expresarse. Cuanto más piensa una mujer que la forma en que habla es falsa y deficiente, más miedo siente a hablar en público. Y, por otra parte, ese miedo provoca que ella hable de un modo rápido, ininteligible o monótono, y eso vuelve a ser «horrible» para la persona en cuestión.

La evolución del ciclo del miedo y el rechazo a una misma actúa como una gran tapadera que cubre y oculta tu estilo oratorio personal. En cambio, si disminuye tu «miedo escénico», esa tapadera desaparecerá y saldrá a la luz una efectiva y elevada actitud a la hora de hablar. Las mujeres que, poco antes de hablar, se quedaban inmóviles a causa de su miedo suelen incrementar su mímica y sus gestos. Otras que, a causa de esa angustia, propendían a los gestos nerviosos e inquietos se quedan más tranquilas al perder el miedo de su lenguaje corporal.

La mayoría de mujeres, después de la disminución de su miedo, se encuentran mucho menos tensas, oyen y miran más al público, atienden más a sus propios pensamientos y sensaciones al hablar y pueden reaccionar de una forma razonable si durante la charla surge algo que no estuviera previsto. Pero, sobre todo, crece la simpatía de cada una sobre su propia forma de hablar y, con ello, experimenta un aumento de la autovaloración de su estilo oratorio.

**Cuando no tienes miedo a hablar,
lo haces de una forma plena de vida.**

También tú dispones de tu propia forma de hablar, que sale a la luz cuando te hallas libre de miedos de poder charlar ante o con otras personas. Cuídate de cómo hablas cuando, sin estar afectada por ningún tipo de miedo, te diriges a tus parientes, colegas o amigos para contarles algún acontecimiento. En tales situaciones de charla espontánea, es cuando la mayoría de nosotras desarrollamos un estilo personal y propio de hablar con el que llegamos a nuestros oyentes.

Si has conseguido reducir tu miedo escénico, te resultará más fácil mantener ante un grupo tu estilo oratorio personal. Y podrás flexibilizar ese estilo, para adaptarlo al objetivo de tu charla y a la forma en la que se te presenta la correspondiente situación.

Si, por ejemplo, en una reunión de colaboradores en tu empresa se ha organizado un nuevo plan que tienes que presentar y exponer a los demás, esto resulta exactamente lo mismo que si en una fiesta de cumpleaños explicas a tus pequeños invitados las reglas de un juego nuevo. Tu estilo oratorio es incluso menos que un modelo rígido de comportamiento, es más bien un almacén de posibilidades de expresión.

En caso de que ahora tengas menos oportunidades para, en general, conocer la forma de aprender y desplegar tu estilo de hablar, proporciónate a ti misma más posibilidades para experimentarlo. Por un lado, puedes pensar en la forma de poder aprovechar las frecuentes ocasiones que se te presentan en la vida cotidiana para hacer contribución verbal o dictar una pequeña charla.

Despliega tu propio estilo de hablar.

Es muy frecuente que estas posibilidades se te presenten en tu lugar de trabajo, durante un curso o en un foro de discusión, en el seno de una fiesta familiar o dentro de tu círculo de amistades. Si no estás segura de que de verdad puedes «hablar de una forma maravillosa», debes intentar, en tu vida diaria, darte la «oportunidad de hablar».

Puedes también, a solas en casa o frente a un pequeño grupo, hacer algunos experimentos para comprobar el comportamiento que mantienes al hablar y, con ayuda de una cámara de vídeo, procurar estudiarlo en profundidad. Éste es un equipo de grabación que ya forma parte de muchos hogares y, si no lo tienes, puedes alquilarlo (por ejemplo, en una videoteca). En tus experimentos, vigila que no parezca que te quieres «desdoblar en varias personas», prueba sólo un par de modos de hablar.

Ejercicio. «Hablar de otra manera»

Prueba de forma sucesiva con un par de nuevos modos de hablar.

- Cambia tu velocidad de dicción y habla unas veces más rápido, y otras veces mucho más lento, de como lo hagas por costumbre. Enmárcate después en un (y sólo un) tempo de hablar, situado entre la velocidad más alta y la más baja. Averigua con qué velocidad te apañas mejor y cuáles son los distintos efectos que tú misma te observas según pronuncies tus palabras más o menos deprisa.
- Puede ocurrir que, mientras hablas, hagas de forma habitual unos determinados gestos. Con frecuencia, pueden ser unos movimientos que, en principio, te llamarán la atención y que te sorprenderán mucho cuando te veas reflejada en una grabación de vídeo. Prueba a ver lo que ocurre si suprimes estos gestos de forma intencionada y si, por esa causa, no haces movimientos o te aparecen otros distintos de los originales.
- Sitúa en el centro de tu atención la expresión que tienes en tu rostro cuando hablas. Habla de la forma en que lo harías si tuvieras que contar un cuento fascinante y deja que se refleje en los rasgos de tu cara el dramatismo de la narración.
- Lee en voz alta una y otra vez un texto y cada vez hazlo con distinto volumen de voz. Deja que tu registro de voz sea más profundo, sin que por eso te llegue a resultar demasiado fatigoso. Prueba a hablar con tonos más altos, más bajos y más agudos.

Sitúate frente a este ejercicio no como una «obligación o deber» de retórica, sino como un estímulo y una relajación para ampliar tu experiencia oratoria. Puede que descubras una variante de tu oratoria que se ajuste de forma muy personal y/o surta un buen efecto ante los demás.

Profundiza en esa experiencia y practica lo nuevo. Así, al cabo de un tiempo, encontrarás cuál es la forma de hablar que te interesa más y te sienta mejor que otras. Y, sobre todo, con ayuda de la grabación de vídeo, comprueba el estilo que mejor va para ganarte la atención del público y expresarte con claridad.

UNA AUTOPRESENTACIÓN POSITIVA

Cuando tú, como especialista, hablas acerca de un tema, te encuentras tranquila ante el público como la experta que eres. La mayoría de las personas están más dispuestas a dar crédito a una autoridad o a un experto antes que a alguien que no sea un profesional. Los científicos, los ingenieros, los políticos, etc., son más dignos de crédito, incluso aunque hablen de temas que no forman parte de su campo profesional. Por desgracia, entre el público también existe una «prima a favor del hombre», es decir: si hablan como expertos un hombre y una mujer, la mayoría de los oyentes, incluidas las mujeres, dan mayor importancia y trascendencia al hombre.

Esta prima masculina resulta reforzada, también, por el hecho de que muchas mujeres son más propensas que los hombres a «infravalorarse» y silenciar su competencia en un tema. Así, resulta frecuente que una mujer comience una disertación con una especie de autodisminución, por ejemplo:

- Una disculpa al tomar la palabra: «Perdón, pero yo también quiero decir algo».
- Una rebaja del valor de sus conocimientos: «Por desgracia, no soy una experta en este ámbito, pero, sin embargo, quisiera decir...».
- Devaluar su aportación: «Es verdad que ya se ha dicho todo. Yo sólo quiero...».

Con frecuencia, las mujeres suelen ser mucho más severas que los hombres a la hora de presentarse a sí mismas. El miedo a parecer jactanciosas o impostoras comienza cuando lo único que les importa es ser objetivas en señalar sus propios conocimientos y experiencias profesionales. A muchas mujeres les resultaría mejor que fueran otros los que destacaran sus capacidades y su competencia.

Al contrario, ocurre que a la mayoría de las mujeres les resulta fácil hablar para presentarse a sí mismas con detalles negativos. Sus debilidades, sus errores y sus desdichas son una inagotable materia de su conversación.

Cuando en nuestros seminarios rogamos a las mujeres que nos informen sobre sus debilidades, sus errores y sus desdichas, cada una necesita una sesión o más para la enumeración completa. Si, en cambio, han de hablar de sus capacidades, sus éxitos y su talento, muchas sólo necesitan de un par de minutos para contarlo.

Un mandamiento interior con la etiqueta: «La autoalabanza apesta» pone trabas a hablar bien de sí mismas, a presentar sus propias capacidades y a referirse a sus propios éxitos y logros. Este bozal interior lleva a que muchas mujeres piensen que, para ser sinceras de verdad y abrirse ante los demás, han de mostrar sus debilidades y sus fallos. Hablar sobre sus logros y éxitos les da a muchas mujeres la sensación de ser deshonestas o de mentir.

Muchas mujeres silencian sus merecimientos.

Esta forma de autodisminución tiene un completo sentido en el ámbito de la comunicación. Si las propias mujeres permanecen en un segundo plano y se presentan con sus flaquezas, consiguen que entre sus interlocutores no pueda surgir ninguna rivalidad o envidia contra ellas. Además, dejan a sus interlocutores una libertad de movimientos para que se coloquen en un primer plano y puedan hablar de una forma positiva de sí mismos. Mientras las mujeres se reconozcan como las vecinas de enfrente y les admiren, se establecerá una relación armónica (en apariencia) y sin competencia con sus compañeros de discurso. En este sentido, la falta de una autodescripción positiva de las mujeres también forma parte de una estrategia de comunicación más bien inconsciente para garantizar la armonía de la relación. El precio que deben pagar las mujeres por ello es su propia infravaloración, ante sí mismas y ante los demás.

La falta de capacidad para presentarse de forma positiva presenta, en el campo profesional y social, muchos inconvenientes para las mujeres; pero ya es sabido que, para lograr algo, hay que trabajarlo (es el viejo dicho de «Sopla, herrero, y ganarás dinero»).

Las mujeres deben hacer gala de sus habilidades y experiencias para evitar perder terreno ante sus colegas y competidores. Así ocurre que muchas mujeres eficientes y competentes superan las tareas que tienen encomendadas, pero los laureles, como son los ascensos, las subidas de sueldo y el reconocimiento público, los recolectan otros que con frecuencia son los que mejor saben venderse a sí mismos.

> **Aprecia tus logros, aunque para ti resulten del todo naturales.**

Cuando en una aportación oral o en una conferencia no quieras silenciar tus méritos, practica antes tu propia evaluación positiva. Considera, en primer lugar, todos tus logros y capacidades, que tú misma consideras como «normales» y que, por ese motivo, no merece la pena exponer en tu charla, y contémplalos como algo especial. Lo primero que tú misma has de pensar es que esos logros y resultados deben resultar tan positivos para ti como lo serán evidentemente para los demás. Ahora, te indicamos algunas propuestas para hacer una presentación positiva de ti misma.

Ejercicio. «Preséntate a ti misma de una forma positiva»

Escribe una lista «positiva» y anota en ella tus capacidades, talentos, éxitos y logros. Especifica aquello de lo te sientes más orgullosa, lo que has logrado hasta el momento y lo que sabes hacer. Incluye en ella tanto tus éxitos más sobresalientes como tus habilidades del día a día, lo que hayas superado en tu vida cotidiana. En caso de que quieras presentarte a ti misma de una forma positiva con motivo de una próxima exposición oral (por ejemplo, para una conferencia profesional o para una candidatura), debes disponer de un campo especial para tus reivindicaciones.

Escribe un diario «positivo», incluso aunque creas que casi no existen rendimientos positivos ni éxitos en tu vida cotidiana; puede resultarte útil que observes durante un tiempo tus quehaceres diarios. Es preferible que escribas al final de cada día lo que has terminado en ese día y lo que has hecho bien. Ocúpate de no pasar por alto las «pequeñeces» y tus «propias evidencias». Escribe refiriéndote sólo al aspecto positivo de tus capacidades y logros y olvida reservas, infravaloraciones y críticas.

Habla de una forma positiva sobre ti misma, comienza a hablar con otras personas de tu capacidad y de tus éxitos. Si eres propensa a referirte a tus flaquezas y debilidades, es importante, en especial, que encuentres palabras que presenten tus aspectos positivos. Al principio, puede resultar útil ensayar a hablar de una descripción positiva propia. Aprovecha la oportunidad para informar de algo bueno sobre ti misma.

Muchas mujeres tienen miedo de expresar sus convicciones en una disertación. Algunas tienen la sensación de comportarse de una forma demasiado severa y rigurosa.

Una participante en uno de nuestros seminarios desarrolló, durante una charla de prueba, una argumentación muy convincente para conseguir una mejor promoción de la mujer, tanto en las empresas como en la Administración. Pero, al final de su charla, en lugar de plantear una exigencia y pedir un apoyo ardiente para reforzar su opinión, sólo añadió la frase: «¿No sería magnífico que, en este país, hombres y mujeres tuvieran el mismo crédito e influencia?». Esta frase interrogativa resultaba, en comparación con la brillante argumentación que la participante había desarrollado de forma tan excelente, un ineficaz broche a su charla. Cuando esta mujer contempló la grabación de vídeo de su charla, encontró por sí misma que esa frase final, si la comparaba con el resto de su disertación, era bastante vaga y débil. Su exposición había sido muy aguda y crítica, pero para liquidarla había pretendido dar una impresión cordial, a fin de que el público no sacara la impresión de que era una «luchadora encarnizada».

A muchas mujeres les resulta difícil desarrollar ante su auditorio la totalidad de su poderío y su fuerza expresiva. Si se comprometen y llegan a decidir exponer sus problemas, es frecuente que contraríen sus propias instrucciones, del estilo: «Debes ser sociable y diplomática y no querer imposibles; es como si desearas atravesar una pared con la cabeza». Eso es lo que provoca esa debilidad, del tipo «¿No sería magnífico...?», como cierre a una exposición que parezca comprometida.

Renuncia a las debilidades en tu charla.

Lingüistas como Senta Trömel-Plötz y otras han advertido de forma expresa que las mujeres (a diferencia de los hombres) son propensas a hablar de una forma prudente.

Esto incluye:

- La utilización de locuciones restrictivas como: «tal vez...», «es posible que...», «más o menos...», «un poquito...», «es probable...» o «de alguna manera...».
- La transformación de un enunciado en una pregunta, a base de agregar expresiones como: «¿No es cierto? »; o bien «¿O no?»; o «¿Verdad?».
- El frecuente comienzo de las frases con formulaciones del tipo «yo-les-subrayo», como pueden ser: «Mi opinión es...» o «Yo creo...».

Los hombres, por el contrario, sostienen con mucha mayor frecuencia un directo punto de vista, del tipo: «Así son las cosas...»; y, de hecho, lo hacen aun cuando no estén seguros en su interior de cómo presentarlo en el exterior.

Por regla general, en charlas, coloquios y discursos, los hombres suelen expresar sus opiniones con menor prudencia y las sopesan menos que las mujeres. Este estándar masculino de forma de expresarse en público se equipara, tanto en hombres como en mujeres, a seguridad en uno mismo, claridad y comportamiento competente.

Según estas normas, las mujeres que se expresan con imprecisión y utilizan modismos de tipo restrictivo provocan en el público una gran sensación de inseguridad y desconocimiento de la materia.

Cuando, no obstante, las mujeres se apartan de ese «estilo femenino de hablar» y comienzan su presentación con la forma masculina «pues-esto-es-lo-que-hay», es fácil que les ocurra que los demás las sentencien por su estilo rudo, agresivo y poco femenino. Así, la aparente «falta de opinión» de las mujeres es también una característica del dilema en que están inmersas. El hablar en público es muy fácil que se transforme en una especie de excursión de alta montaña para una conducta que puede ser encantadora y femenina, pero también ineficaz; y el hablar de una forma como «así son las cosas...» puede asociar a las mujeres con una «poco femenina» fuerza y obstinación. Muchas mujeres quieren, con sus disertaciones, desarrollar sus propias opiniones y no quedarse paradas ni enojadas. Así surge a menudo una mezcla de expresión de opiniones, por un lado, y un «minimizarse y quitarse importancia a sí mismas», por otro, para poder disfrutar de una relación positiva.

Es probable que tú seas propensa, como también lo son otras muchas mujeres, a suavizar de forma automática e involuntaria el contenido de tu charla.

Para impedirlo, necesitas no hacer uso en absoluto del estilo de hablar «masculino». Con frecuencia, suele resultar muy útil que, antes de la charla, tengas muy presente todo aquello de lo que estés convencida. En caso contrario, existe el peligro de que durante tu intervención te aparezca en la frente un cartel que diga: «No-estoy-de-acuerdo-con-esto». Es decir, dices a tus oyentes, de forma subliminal, que tú misma no crees en lo que les dices. Y así es fácil que al público le quede la impresión de que, aunque te hayas tomado la molestia, no eres totalmente digna de crédito.

Si tú misma no estás de acuerdo con lo que dices, puedes desarrollar un tipo especial de atractivo que no es nada fácil de ensayar. Tu lenguaje corporal, tu voz y tu conducta han de ser apropiados y coherentes. Ser convincente al hablar, de forma que tú misma puedas aceptarlo como bueno y adecuado, te cuesta, en comparación, poco esfuerzo. Para «venderle» al público una opinión de la que tú misma no te responsabilizas, hacen falta un enorme esfuerzo y mucho arte dramático.

Procura que, al final de tu disertación, tu mensaje no se diluya ni se infravalore, a base de disculpas o repentinas dudas sobre todo lo que acabas de decir. A menudo, resulta útil que, al cierre de tu intervención, hagas una declaración abreviada del núcleo de su contenido, resumida en unas pocas y breves frases, o pronuncies unas palabras de agradecimiento o de buenos deseos para el futuro.

Resulta indiferente cuál sea la fórmula de cierre que utilices en tu charla; no dejes que tu discurso se «amontone» de forma que, según digas las últimas palabras, recojas a la vez tus papeles y, ya de pie, desaparezcas a la velocidad del rayo con un «Y bien, se acabó». Intenta procurarte una salida acompañada de una postura corporal correcta, pero no tensa. Mira al público después de haber terminado tus palabras y quédate en tu sitio, sentada o de pie, según hayas pronunciado la conferencia, durante un breve espacio de tiempo. Luego regresa con lentitud a tu asiento.

Gran cantidad de fuerza de convicción

Argumentar tiene poco que ver con pelear y mucho más con hacerse propaganda, venderse y seducir. Al argumentar, nos atraemos hacia nuestro campo al público restante. Los buenos argumentos pueden llegar a actuar como imanes que desvíen la dirección de las ideas. Esto sólo se consigue si nuestra audiencia quiere por sí misma alterar esa idea, pues dicho cambio de dirección sólo puede plantearse de un modo voluntario. Esto es lo mismo que decir: si tu oponente no quiere cambiar su opinión de ninguna forma, no conseguirás nada ni aunque utilices tus mejores argumentos. Pero esta posición de «yo-no-quiero-cambiar» suele ser rara en la vida cotidiana. Es frecuente que las personas parezcan invariables en sus ideas, pero algo de habilidad y unos adecuados argumentos permiten abrir su caja fuerte, aunque para eso necesites hacer uso de la constancia. No te des por vencida hasta haber probado con toda tu artillería. Pero ¿qué es, en realidad, un buen argumento y cómo podemos expresarlo para que nuestros oyentes lo sigan? Si tu petición y tu objetivo son muy importantes para ti, tómate el tiempo necesario para prepararlos con calma. A continuación, te exponemos una serie de consejos que te podrían servir de ayuda:

TU OBJETIVO

Sólo si tienes un objetivo claro ante tus ojos, podrás modificar la opinión de las demás personas. La primera persona a la que debes convencer es a ti misma. Si estás de acuerdo contigo, podrás irradiar esa fuerza hacia el exterior y comenzar con los demás. Si no te encuentras convencida en tu interior, cuenta con que los demás se sentirán estimulados para poder argumentar contra ti. Cuanto más claro sea tu objetivo y más convencida estés de ti misma, tu efecto hacia el exterior tendrá mucha más fuerza y convicción. Antes de que empieces a hablar, determina tus límites. Piensa dónde puedes ceder y dónde, por encima de todo, debes permanecer inamovible cuando discutas tu objetivo con los demás.

La preparación práctica: tómate tu tiempo y piensa cuál podría ser tu mejor resultado. ¿Con qué quieres convencer a los demás? ¿Qué quieres conseguir de tus oyentes? ¿Qué es lo que de verdad quieres mantener y dónde puedes ceder un poco?

Desarrollar los argumentos adecuados

Aquí, el énfasis recae sobre la palabra *adecuados*. Un argumento convincente se ajusta a tus oyentes o a tu adversario. Se ajusta en ideas e intenciones a aquellos a los que quieras convencer. Justo aquí es donde algunas personas cometen los errores. Argumentan con cosas que, de por sí, ya son convincentes. Un ejemplo: imagínate que un vendedor te quiere colocar un reproductor de vídeo. Para él, hay dos argumentos que son muy convincentes. El primero: él participa en las ventas y recibe una comisión cuando te haya vendido el vídeo. El segundo: el almacén se vaciará y se podrá utilizar para guardar otros aparatos nuevos. A partir de eso, para él sería muy bueno que pudiera venderte el equipo. Dos argumentos muy a tener en cuenta, pero sólo para el vendedor. Con estos fundamentos, él no obtendría ningún éxito. El vendedor sólo podría convencerte con argumentos que se ajusten a *tus* intereses e intenciones. Su trabajo sería encontrar la forma en la que te pueda ganar. Y da la casualidad de que lo que te convence a ti no tiene nada que ver con lo que le motiva a él. Quizá te dejes convencer con el argumento de que el aparato se maneja y se programa de forma muy sencilla. Los argumentos convincentes son los que le ofrecen al oyente una utilidad o una ventaja. Para ello, es importante que sepas qué es lo que le resultaría útil a tu adversario. Cuanto más conozcas a los que quieres persuadir, más sencillo será desarrollar los argumentos adecuados.

La preparación práctica: cuantas más utilidades y ventajas ofrezcas a tus oyentes, más poder de persuasión tendrás. Desarrolla argumentos de utilidad. ¿Hasta qué punto le sirve al oyente lo que tú quieres ofrecerle?

Ocúpate de que haya una atmósfera positiva
Evita la pelea y la confrontación. Convencer a las demás personas significa poner en marcha un proceso de aprendizaje para tus oyentes. Quien quiera cambiar de opinión lo hará con libertad y en una atmósfera positiva. Si el clima de la charla es áspero, la mayoría de las veces se reforzarán los frentes de cada uno y las personas se quedarán con sus propias ideas; seguirán empeñadas, todavía más, en ellas.

Evita una confrontación irreflexiva.

Por ello, debes evitar que se llegue a una discusión. Reacciona con comprensión frente a los argumentos contrarios de tus oyentes. Esfuérzate en tener una postura positiva, incluso cuando tu adversario maneje una opinión en total oposición a la tuya.

La preparación práctica: ¿qué argumentos en contra esgrimen los oyentes? Prepárate primero y reflexiona cómo puedes contestar a estos argumentos. ¿Cómo puedes mostrar comprensión y, a la vez, velar por tu propia opinión?

Reúne tus argumentos

Cuantos más argumentos encuentres para lograr tu objetivo, más tiempo te ocupará. Si sólo dispones de uno o dos argumentos, tardarás muy poco en gastar toda tu pólvora. Mayor número de argumentos significa que puedes hacer uso de un tiempo de charla más largo. A veces, los oyentes quieren que inviertas mucho tiempo en tu trabajo de persuasión. Cuanto más tiempo dure el ir y venir de las opiniones, mayor será la probabilidad de alcanzar un resultado positivo. Pero no debes tener miedo si no dispones de muchos argumentos. Puedes repetir alguno de ellos varias veces. Algunos argumentos convincentes hacen mella en los oyentes, aunque los hayan escuchado en varias ocasiones. Es lo mismo que ocurre con un anuncio publicitario que se exhibe en diversas ocasiones. Ordena tus argumentos por importancia y poder de convicción. Arranca a base de situarte en el punto de vista de tu adversario. Tus argumentos más importantes y persuasivos tienen una utilidad o una ventaja para tus oyentes. Pero, como ocurre para jugar a la baraja, necesitas tener todas las cartas. También las de bajo valor son importantes para el juego.

La preparación práctica: reúne todos los argumentos que se te ocurran. Tanto los grandes como los más insignificantes. ¿Qué argumentos tienes para lo que deseas?

Desarrolla tu estrategia de argumentación

Cuando persigas un gran objetivo, hazte a la idea de que vas a tener que hablar de ello en numerosas ocasiones. A menudo, se necesitarán varias discusiones o acciones hasta que un tema importante quede decidido. También para la argumentación hay un período de calentamiento. No comiences con tu mejor argumento. En un principio, debes guardarte el que sea más atractivo. Quizá tus objetivos tropiecen con el escepticismo de tus interlocutores. Eso es normal. Lo primero que debes hacer es crear una relación positiva con tu adversario. Las personas cambian con facilidad cuando se les muestra afecto y verdadera amabilidad. Cuando quieras conseguir un cambio, es importante que no condenes lo tradicional a base de seguir el lema: «Lo que has hecho hasta ahora no es más que una gran tontería, pero ahora llega mi fantástica propuesta». A menudo, se suele decir esto, aunque se haga con palabras mucho más finas y elegantes. Y, con ello, tus oyentes se sienten atacados. Si te quieres ganar a las personas, no debes enfadarlas. Prueba lo que hemos visto hasta el momento y busca algo que en realidad puedas admitir o aceptar. Exprésales a tus oyentes lo que encuentras adecuado, lo que te gusta y luego expón tus deseos. Califica a tus objetivos con los términos «propuesta» o «ruego». Esto suena menos agobiante que la palabra «exigencia».

La preparación práctica: para unos discursos largos o para discusiones continuadas, debes ordenar tus argumentos según su importancia y fuerza de atracción. ¿Qué argumentos son los más fuertes y cuáles son los más débiles? Comienza con los débiles. Si se trata de cambios, exprésale a tus oyentes de forma honesta lo que les aceptas hasta el momento. Adelanta en primer lugar tu propuesta de modificación.

CÓMO ARGUMENTAR DE FORMA INTELIGIBLE Y DIRIGIDA A UN FIN

Ahora queremos presentarte un método sencillo y muy efectivo a través del cual podrás poner la mira en tu objetivo y podrás hablar de él de un modo inteligible. En nuestros seminarios de entrenamiento, hemos observado en repetidas ocasiones que quienes se han preparado los temas quieren utilizar, de forma obligatoria, los argumentos que han organizado de forma tan cuidadosa, y todos al mismo tiempo.

> **Atrae a los oyentes a tus ideas
> a base de pequeños pasos.**

Con ello, toda la disertación se recita de un modo monótono y rápido; todos los argumentos se lanzan con precipitación, uno detrás de otro. A base de ideas, se llena hasta el borde el vaso de los oyentes. Nadie saca nada de lo que se dice. Quien ha escuchado se queda sobrecargado, así que la oradora ha emitido todos sus argumentos más potentes sin que provoquen ningún efecto. Para los oyentes, es importante que las asociaciones de ideas sean comprensibles. Sólo cuando lo que tú dices suena de forma inteligible, se puede modificar la forma de pensar de los demás. En conversaciones más íntimas o en las discusiones, es suficiente con decir lo que quieres y exponer tus ruegos con una argumentación, como por ejemplo: «Propongo que regulemos el asunto de nuevo, porque no debemos hablar siempre de lo mismo. Mi propuesta es que...». Si se trata de cosas muy importantes, entonces es mucho mejor un procedimiento más habilidoso. Presenta tu propuesta paso a paso y atrae a los oyentes a tus ideas. Este proceder paso a paso te ayudará después, sobre todo si, a causa de tu nerviosismo, eres propensa a perder el hilo de la conversación. Sólo con cuatro únicos pasos, puedes montar de forma lógica y consecuente un discurso o una intervención. Primero, debes empezar con la descripción del problema o de la situación de salida; enuncia tu propuesta al final de la intervención. De ese modo, todos escucharán hasta el final para descubrir qué es lo que de verdad quieres. Veamos la estrategia de los cuatro pasos, con algunas sugerencias para formular los pasos independientes.

La estrategia de los cuatro pasos

1. La entrada (tus motivos para hablar):
   ¿Cuáles son los motivos? ¿Por qué quieres llevar a cabo la charla?
   (*Ejemplo:* «*Vengo porque...*», «*Se trata de...*», «*Me gustaría hablar con ustedes sobre...*»).

2. Mencionar de una forma breve y reducida el problema o la pregunta:
   ¿Qué no va bien? o ¿qué pinta tiene el problema?
   (*Ejemplo:* «*En los últimos tiempos han surgido varias preguntas...*», «*Quizá ya se hayan dado cuenta de que...*»).

3. Hechos y experiencias:
   ¿Qué hechos o experiencias son importantes aquí?
   (*Ejemplo:* «*Es un hecho que...*», «*Parece ser que...*», «*Mi idea es que...*»).

4. Consecuencias, conclusiones y proponer posibles soluciones:
   ¿Qué sucede por eso? ¿Cuáles y cómo son las consecuencias? ¿Qué soluciones o propuestas puedes ofrecer?
   (*Ejemplo:* «*Esto nos lleva a la conclusión de que...*», «*De ello se deduce que es necesario...*», «*Opino que podríamos resolver el problema si...*»).

Con la ayuda de estos cuatro pasos, podemos mantener un discurso de larga duración. En cada punto independiente, diremos varias frases. O bien, por cada paso decimos una frase corta, y así se crea una sólida intervención. En el primero de los tres pasos, tienes la posibilidad de fundar una aprobación por parte del público. Describe el problema de tal forma que la mayor parte de ellos te den su aprobación. Las personas de las que ya has obtenido un «sí» estarán más abiertas a lo que a continuación vas a decir. Ya tienes hecha la mitad del trabajo. Si en el tercer paso tus hechos y experiencias reciben la aprobación, se eleva la posibilidad de que también tus consecuencias y conclusiones del cuarto paso sean aceptadas por el público. Ha llegado tu argumentación.

Como todos los métodos y técnicas retóricas que ofrecemos en este libro, puedes variar esta estrategia de los cuatro pasos de tal forma que se ajuste tanto a ti como a tu forma de hablar.

SER HÁBIL FRENTE A LAS OBJECIONES Y ARGUMENTOS EN CONTRA

Te puedes alegrar de cualquier argumentación contraria. Muestra que tus palabras han llegado a tus oyentes y les han hecho pensar. Lo que de verdad sería triste es que todo lo que dijeras fuera tratado sin ningún tipo de contradicción pero, a la vez, nadie hiciera lo que tú deseas. Tan pronto como oigas argumentos contrarios a tus propuestas, podrás descubrir lo que les falta a tus oyentes. ¿Qué es lo que no convence a la otra parte? ¿Qué es lo que no has explicado de la forma adecuada? ¿En qué aspecto no te habías parado, hasta ahora, a pensar? Todo esto te lo pueden mostrar los argumentos en contra. La expresión de tus oyentes es un indicador de una argumentación que puede ser todavía más convincente. Para estar preparada ante estas indicaciones contrarias, deberás disponer de unas «herramientas» específicas adecuadas.

Son capacidades que te posibilitarán la reacción, de un modo a la vez flexible y creativo.

Escuchar

La escucha atenta es, a la hora de convencer, tan importante como los argumentos adecuados. Anota lo que tu adversario objeta, sin valorarlo de inmediato. Es importante que puedas escuchar, sin que desarrolles emociones a causa de la excitación. Intenta entender a la otra persona. Cázale en los argumentos que te oponga. ¿Qué es lo que quiere tu adversario? ¿Tiene algún tipo de temor oculto? ¿Se crea en ella o en él algún sentimiento desagradable a causa de lo que pretendes? Intenta escuchar lo que se esconde detrás de su protesta. Y, a la vez que permaneces callada, no trates de mejorar tu exposición mediante réplicas. Estate al acecho, pero a base de escuchar.

Formular las preguntas adecuadas

¿De verdad has entendido la opinión en contra que te han expresado? ¿Sabes con exactitud el motivo por el que tu adversario ha dado tal opinión? Tendemos a cambiar las informaciones que nos faltan a base de especulaciones. En lugar de ser curiosas, comenzamos a suponer cosas del otro. Antes de comenzar a hacerlo, lo mejor es que preguntes. Infórmate de las opiniones en contra. Ilumina el fondo de la cuestión. «¿Qué es lo que no te gusta de esa idea?». «¿Tu opinión lleva a un camino mejor?». «¿Qué harías tú en mi lugar?».

«¿Cómo presentarías todo el asunto?». Pregunta durante el tiempo necesario, hasta que hayas entendido por completo a tu adversario.

> **Formula preguntas antes de contraatacar de inmediato.**

Esto no es válido para las interrupciones por parte del público, mientras expones tu intervención. Es la interrupción de aquél que, mientras tú hablas, expresa a voces su opinión contraria, molesta en tu discurso y se gana que no le vuelvas a mostrar atención. Retrasa esas preguntas para un momento posterior, por ejemplo en una charla a solas. Por supuesto, siempre que quieras hacerlo.

La forma en la que puedes estar preparada ante estas y otras interrupciones subjetivas y ataques personales se puede leer en el libro *Cómo defenderse de los ataques verbales*. Dentro de una discusión, las preguntas suelen ser una buena posibilidad para hacerse cargo del control del acto, ya que el que pregunta es el que manda. Así evitas que se llegue a una disputa verbal, en la que unos hablan contra los otros y nadie se acaba de entender. Tus buenos argumentos no darán ningún resultado.

Asegúrate de que tus preguntas sean contestadas de verdad. Pregunta todo lo que sea necesario, hasta que entiendas la postura del adversario. Si emerge nueva información de la que no sabías nada, no te encrespes. En caso de que tu argumentación anterior ya no valga, pide un tiempo de reflexión. Puede ser una pausa de unos minutos o de una semana, en la que puedas pensar sobre tu petición. Propón una fecha para volver a tratar el tema.

Cuando ya hayas entendido la opinión del contrario, tómala de la forma más positiva posible. No te dejes llevar por una rápida reacción contraria. De ese modo, te puedes enredar demasiado en el argumento contra tu adversario, sin haberlo analizado a fondo. Además, una reacción rápida puede desatar en tu adversario, del mismo modo, otra contrapropuesta a tu opinión.

> **A la opinión del contrario, lo primero que debes decir es «sí».**

Y así, de repente, te encontrarás en medio de un intercambio de lances, como si se tratara de una partida de ping-pong. La mayoría de las veces, esto no conduce a nada, sólo a conferencias agitadas y a la exaltación de las emociones. En todo caso, sólo se trata de sacar provecho de algo, y nadie se preocupa de verdad en escuchar. Pero el trabajo de convencimiento precisa de afecto, entendimiento y comprensión de las ideas. Lo que se pretende es una conversación y no una encarnizada pelea. La respuesta «Sí, y...» es una buena técnica retórica, con la que puedes moderar con superioridad una fuerte corriente contraria de opinión.

Primero, aceptas la réplica con un «sí», pero luego añades tu punto de vista encabezándolo con un «y...».

Por ejemplo, de esta forma:

- «Sí, es un punto importante ese del que usted parte. Y a mí me gustaría decir lo siguiente...».
- «Sí, eso se ajusta con exactitud a lo que yo le que quería decir. Y es importante...».

- «Sí, está bien que mencione esto ahora. Y a mí me gustaría posponer este punto tan interesante y volver a hablar de cómo...».
- «Sí, me parece muy bien que usted haya hablado de eso. En su base se trata de...».

Con una respuesta «Sí, y...», primero reaccionas de una forma positiva y amistosa frente a la opinión del contrario, pero al mismo tiempo tomas las riendas de la conversación. Después del «Sí», viene tu argumento. Y después del «Sí», nunca debes decir «pero»: a pesar de que sería oportuno decirlo desde un punto de vista gramatical, en lo psicológico sería poco inteligente.

Evitar decir «pero». Es mucho mejor la palabra «y».

Después de un «pero», siempre se va a expresar algo negativo: «Usted es una buena oradora, pero...», y ahora viene algo que puede contradecir la primera parte de la frase. En cambio, un «y» suena más neutral. Basta que a tu amistoso «Sí» enlaces una opinión tuya: «Sí, usted es una buena oradora y...». La respuesta «Sí, y...» te ayuda a mantener la distancia frente a las intenciones de las demás personas. Así estarás en situación de, en todo momento, reaccionar de forma superior y segura de ti misma, sin ponerte nerviosa o valorar a los demás antes de tiempo.

ASÍ MANTIENES LA SARTÉN POR EL MANGO

Te has preparado tu discurso o tu intervención y, por eso, te encuentras en una posición elevada. A menudo, los oyentes no pueden hacer frente a tus argumentos, que han sido organizados de forma meticulosa; por ese motivo reaccionan, a veces, de un modo algo evasivo. Tu contrincante ataca con argumentos contrarios que, en realidad, no existen.

También puedes estar preparada ante argumentos contrarios sorprendentes.

Aquí existe el peligro de que te enredes en argumentaciones contrarias poco adecuadas y pierdas el hilo. Si, en un principio, este argumento poco adecuado te ha desarmado, puede resultarte complicado regresar de nuevo a tu tema. El ejemplo de Verónica nos explica lo sencillo que es perderse en la maleza de una opinión en contra que no es adecuada. Es una colaboradora comercial en una empresa y el viernes quería irse una hora antes a casa. En los días anteriores, había hecho unas cuantas horas extra porque se habían recibido muchos pedidos en la empresa. Ahora, cuando el negocio volvía a estar en calma, supuso que su colega, con quien compartía el trabajo, podría quedarse solo durante esa hora del viernes. El jefe estaba conforme, siempre que los dos trabajadores se pusieran de acuerdo sobre quién debería quedarse hasta el final de la jornada. Verónica no había preparado ningún argumento especial. Partía del hecho de que su deseo de marcharse el viernes una hora antes sería aceptado sin más por su compañero. Pero ocurrió lo contrario. Al hablar, Verónica soltó el mango de la sartén de su exposición. Le dijo a su compañero:

—Mira, el viernes quiero irme a casa una hora antes. Debido a las horas extras que he hecho, he abandonado algo mis asuntos y ahora tengo muchas cosas que hacer. ¿Queda claro que me voy a ir una hora antes?

El colega respondió de inmediato:

—¡Si el viernes te vas una hora antes, no tendrás más remedio que trabajar más rápido!

Verónica no había contado con eso. Ella era formal y rápida en su trabajo y nunca se le había reprochado que fuera lenta. Por eso, contestó sorprendida y en alto:

—¿Por qué? ¡Yo no soy lenta en mi trabajo! ¿A qué te refieres con eso? Más bien todo lo contrario; incluso a veces renuncio a mi pausa de descanso porque aquí hay muchas cosas que hacer.

El colega:

—Sí, sí, pero cuando veo lo que haces con el ordenador, me parece todo lo contrario. Podrías ahorrar mucho tiempo si trabajaras más con el banco de datos de los clientes: existe para que no tengas que escribir de nuevo los datos de cada cliente, cuando emites una factura.

Verónica contestó enojada:

—¡Pero si ya utilizo el banco de datos! Aunque, en ocasiones y para pequeñeces, es más rápido introducir las señas a mano.

El colega:

—Ya sabes que en esas pequeñeces se pierde mucho tiempo. Se va de una a la otra y son verdaderos devoradores de tiempo.

Verónica estaba ya entonces muy enojada. Replicó:

—Trabajo aquí desde hace cinco años y nadie ha dicho nunca nada en contra de mi forma de trabajar. En cambio, tú llevas aquí un año y no haces más que poner pegas.

Ahora el colega también está enfadado:

—Ése es el machacón «Así lo hemos hecho siempre». Esto me altera mucho. Cualquier propuesta de mejora que venga de mi parte cae en saco roto.

Seguro que te has dado cuenta. Esta charla es un típico ejemplo de confusiones en la argumentación. Verónica quería irse una hora antes. Ése era su objetivo básico. ¿Y a dónde ha llegado? A una incómoda discusión sobre el banco de datos de los clientes y los devoradores de tiempo. ¿Cómo le ha podido pasar eso?

La causa reside en el comienzo de la charla. Entonces, ella dijo con toda precisión lo que quería. Y el compañero objetó con el argumento de que Verónica debería trabajar más rápido si quería irse antes a casa. Con este argumento en contra, Verónica se sintió atacada. En lugar de permanecer firme en su objetivo, se distrajo con las opiniones de su compañero. Se había equivocado del todo. Y con cada frase, se alejaba más y más de su camino.

Hay contraargumentos en los que es mejor no entrar. Todas las opiniones contrarias que se alejen de lo que tú quieres te sacan de tu camino. En principio, no es incorrecto hablar de los devoradores de tiempo o de las formas de trabajar y los bancos de datos del cliente, pero todo a su tiempo.

> **Hay algunos contraargumentos en los que es mejor no entrar.**

En cualquier discusión y en cualquier negociación, es mejor persistir en el tema concerniente. Y eso está en tu mano. No puedes evitar que tu oponente divague, pero sí puedes decidir si te involucras en ello o no. El arte consiste en reconocer a tiempo las divagaciones y los puntos secundarios y luego regresar, de una manera elegante, al tema real que se discutía.

Las mujeres se arreglan muy bien con sus compañeros de charla, pero a menudo esto las lleva a la perdición. Existen situaciones en las que es importante que nosotras *no* nos arreglemos con el otro. Para ello, precisamos de dos capacidades muy importantes. La primera es no perder de vista el objetivo propio.

Reacciona con lentitud. Persiste en tu objetivo.

La segunda es que reacciones con lentitud y de forma juiciosa. No contestes como si dispararas una pistola. Cuanto más rápido contestes, mayor será el peligro de que vayas por un mal camino. Tienes que distanciarte de todo lo que pasa. Después de que tu contrario haya dado su opinión, viene tu reflexión más importante: «¿Dónde me lleva el tener en cuenta esta opinión?». Si te desvías de tu objetivo, lo mejor es que recurras a la respuesta «Sí, y...», para no perder el hilo conductor de tu charla. Si Verónica hubiera utilizado la técnica de la respuesta «Sí, y...» con su colega, la charla habría tomado otros derroteros.

Verónica:

—Mira, el viernes quiero irme a casa una hora antes. Debido a las horas extras que he hecho, he abandonado algo mis asuntos y ahora tengo muchas cosas que hacer. ¿Queda claro que me voy a ir una hora antes?

El colega responde:

—¡Si el viernes te vas una hora antes, no tendrás más remedio que trabajar más rápido!

Verónica reflexiona un instante y luego dice:

—De eso podemos hablar en otro momento. Yo creo que el viernes por la tarde te puedes arreglar muy bien sin mí. Me voy a eso de las dos.

Partimos de la base de que el colega, sin embargo, persiste en su argumentación opuesta y sigue en sus trece de que

Verónica debería trabajar más rápido. Incluso en ese momento, Verónica permanece firme y mantiene en su poder el hilo conductor de la polémica.

El compañero replica a Verónica:

—Pero, de todas formas, también puedes acelerar un poquito. Utilizas el banco de datos de clientes demasiado poco cuando haces las facturas.

La respuesta de Verónica podría haber sido:

—Lo voy a pensar. Te dejo sobre la mesa todo lo que hay que hacer por la tarde. Seguro que no es mucho.

Para mantener bajo control el hilo de la conversación, no debes atacar a tu adversario de opinión. Deja que el otro diga lo que quiera y haz uso de tus derechos, pero mantente en lo que tú deseas. La respuesta «Sí, y...» es un método que evita que te enredes en una pelea que no lleva a ningún sitio, en la que perderás el hilo de la conversación y, a menudo, no conseguirás los resultados deseados.

Regresa con tranquilidad al tema.

Es muy adecuado discutir con otras personas, si es eso lo que quieres. Dicho de una forma más clara: si quieres, como le pasaba a Verónica, irte a casa el viernes una hora antes o tienes otros planes, preocúpate de que la conversación no se complique. Incluso si ya te has sumergido en la opinión de tu adversario y, de repente, te das cuenta de que te has alejado mucho de tus objetivos, puedes volver a coger el timón. Piénsatelo durante un momento y vuelve a colocar tus deseos sobre la mesa a base de una respuesta «Sí, y...». Cada vez que te enfadas en una charla o discusión, puede parecer una señal de que quieres entrar en la opinión de tu contrincante. Comprueba por un momento de qué estáis hablando y si esto se ajusta a tu objetivo inicial. Si no es así, modifica sin más justificación el ritmo de la charla.

Para finalizar, una observación: no hagas de tu capacidad de convencer a los demás un deber o una nueva orden interior. Puedes convencer a los demás, pero no debes hacerlo a cualquier precio. Las nuevas ideas y las soluciones creativas se forman cuando todas las personas están preparadas para dejar sus opiniones e intenciones preconcebidas.

OBSERVACIONES FINALES

Esperamos que con este libro consigas dejar de lado tu miedo a hablar en público. Desearíamos que probaras sus prácticas, técnicas y consejos y, por medio de ellos, crearas tus propias experiencias. Descubrirás que efectivamente funcionan cuando te encuentras en situación de pronunciar una disertación.

Tal vez obtengas la experiencia, que han conseguido muchas de las participantes en nuestros seminarios, de haber logrado un único y personal método de hablar en público, y que este método te resulte adecuado. Y puede que observes que, al salir a la luz este sistema único y personal de hablar, te has liberado de la camisa de fuerza de tus mandatos internos. Tú dispones de tu propia e inconfundible retórica, que puedes consolidar y perfeccionar. Deseamos que te sirva de diversión. Para terminar, a modo de consejo, queremos ofrecerte unas palabras que pronunció Nelson Mandela:

«Nuestro miedo más profundo no es que seamos deficientes. Nuestro miedo más profundo es que seamos poderosos más allá de cualquier medida.

Es nuestra luz, no nuestra oscuridad, la que nos provoca los mayores temores.

Nos preguntamos a nosotros mismos: «¿Quién soy yo para decir que soy magnífico, excelente o fantástico?»... Pero ¿quién eres tú para no decirlo?

Eres un hijo de Dios.

Que tú mismo te tomes por modesto no le sirve al mundo.

No hay ningún brillo en hacerte el modesto para que otros de tu alrededor no se sientan inseguros.

Todos estamos designados para brillar, como hacen los hijos.

Hemos nacido para manifestar el esplendor de Dios, que está en nosotros.

No sólo lo hay en algunos de nosotros, está en cada uno por separado.

Y si dejamos brillar nuestra propia luz, daremos autorización de forma inconsciente a otros hombres para hacer lo mismo.

Si nos liberamos de nuestros propios miedos, nuestra presencia liberará a otros de forma automática».

BIBLIOGRAFÍA

BERCKHAN, Barbara, *Quiérete a ti misma*, Barcelona, RBA Integral, 2001.

BERCKHAN, Barbara, *Haz realidad tus deseos de una vez por todas*, Barcelona, RBA Integral, 2001.

BERCKHAN, Barbara, *Cómo defenderse de los ataques verbales*, Barcelona, RBA Integral, 2004.

GENDLIN, Eugene, *El focusing en psicoterapia*, Barcelona, Paidós Ibérica, 1999.

KRAUSE, Carola y RÖDER, Ulrike, *Imperativzentriertes Focusing als Methode in der Beratung. Arbeitsberichte zur Pädagogischen Psychologie*, Universidad de Hamburgo, 1990.

KRIEBEL, Reinholde, *Sprechangst. Analyse und Behandlung einer verbalen Kommunikationsstörung*, Stuttgart, Kohlhammer Verlag, 1984.

MANDELA, Nelson, *Focusing Journal 1/1998*, Ed.: Deutsches Ausbidungsinstitut für Focusing und Focusing-Therapie, Würzburg, 1998.

ROGERS, Natalie H., *Frei reden ohne Angst und Lampenfieber*, Múnich, Universitas Verlag, 1985.

TRÖMEL-PLÖTZ, Senta (ed.), *Gewalt durch Sprache. Die Vergewaltigung von Frauen in Gesprächen*, Frankfurt/M., S. Fischer Verlag, 14ª edición, 1997.

WAGNER, Angelika C. et al., *Bewusstseinskonflikte im Schu-lalltag. Denk-Knoten bei Lehrern und Schülern erkennen und lösen*, Weinheim, Beltz Verlag, 1984.

WAGNER, Angelika C., BERCKHAN, Barbara et al., *Abbau von Redeängsten bei Frauen. Eine empirische Untersuchung. Projektabschlussbericht*, manuscrito inédito, Universidad de Hamburgo, 1987.

WEISER-CORNELL, Ann, *El poder del focusing*, Barcelona, Obelisco, 1999.

Para más información, dirígete a:
Psychological Praxis
Carola Krause y Ulrike Röder
Teléfono y fax: 040/3908384